表層からは捉えられない鉄道の真実に迫る

JN067768

天狗山隧道（岡山県）の内部には照明灯が付けられており、一定周期で現れる明るい部分が縞模様のように見えて美しい。

目次

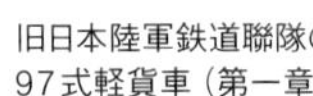

旧日本陸軍鉄道聯隊の97式軽貨車（第一章）

静岡鉄道の有蓋電動貨車「デワ1」（第二章）

第四章 鉄道活動の「裏」 …… 115

未成線「今福線」の橋脚群（第三章）

蒸気機関車D51の陸送シーン（第一章）

広瀬川原車両基地に眠るオハ12 363（第二章）

鉄道には、華々しい「表」、すなわち特急のスピードアップや豪華列車などのテーマもあれば、多くを語られない「裏」、すなわち日常的な保守作業や車両の解体などのテーマも存在する。本書は、鉄道の「裏」のみにスポットを当てた読本である。

鉄道の「裏」ばかりに惹かれてしまう〝裏鉄〟の世界には、他では味わえない面白さが存在し、鉄道にまつわるさまざまな活動も、「裏」を深掘りしてみると、他とは違った奥深さと広がりが存在している。

クローズアップされないからこそ、良さがあるという一面を持つ〝裏鉄〟の世界、そこにどっぷりとハマって数十年、私が実際に彷徨したことを通じて、この世界の面白さを解き明かしてみたい。

新津鉄道資料館のモーターカー（第三章）

魚梁瀬森林鉄道のエヤ隧道（第四章）

第一章

鉄道車両の「裏」

一 鋼体化客車の「裏」

戦後の困難を乗り越えた痕跡

鋼体化客車「オハフ61形」の床下に潜入

いきなり、一番ディープなテーマに切り込んで恐縮であるが、鉄道にとっての「裏」の中で、とりわけ人目に触れる機会が少ないところといえば、鉄道車両の床下であろう。車両の床下は、走行機器や電気機器などが詰め込まれており、鉄道車両の製造やメンテナンスを担うプロ以外、まずアプローチすることはあり得ないからだ。それゆえ、車両の床下には、我々では知り得ない、さまざまなドラマが秘められている。

その中でも、ひときわ面白いのが、古い車両の床下である。古い車両ほど、いまでは考えられないような工法の実態が残っていたり、当時の作業の痕跡が鮮明に残っていたりするからだ。そこからは、携わった職人たちの息吹を直接的に感じることができる。

❶オハフ61形は、木造客車の台枠を切り継いで、新しく車体を組み上げた客車で、「鋼体化客車」と呼ばれる。車内には木造客車時代のパーツも再利用されていてレトロな雰囲気が漂う。

先日、いたく感激したのが、戦前の木造客車を鋼体化した「オハフ61形」(写真❶)の床下に潜入させて貰った事だった。もちろん勝手に潜ったのではなく、テレビのロケに伴うもので、市の担当者に立ち会って頂いての潜入であったが、ロケで来ていることを忘れてしまいそうなほどに、オハフ61形の床下で感激の渦に飲み込まれていた。

それほどまでに感激したのは、その床下のフレーム部分に、戦後まもなくの頃に施工された溶接の痕跡がくっきりと残っていたからだった。この溶接痕には、実に奥深いドラマが隠されているのだ。

オハフ61形は、鉄道に詳しい方にとっては、「鋼体化客車」の代名詞のように良く知られた存在であるが、その最大の特徴は、大正時代の古い木造客車の「台枠」と呼ばれるフレームを、切り継ぎによって延長し、真新しい鋼製客車に作り変えたという経歴を持つことだ。現代であれば、まず採用されない工法であろう。

ロケでは、その切り継ぎの際に生じた溶接痕が残っていないか、実際の車両で探してみようというのが趣旨だった。台風が接近する中を、東北新幹線で郡山駅まで移動し、待機していたワゴン車に揺られて磐越自動車道経由で西へと移動、福島県喜多方市の日中線記念館を目指した（写真❷）。磐梯山は雲に隠れて全貌は見えなかったが、幸いにも予報に反して、雨はまだ降らずに何とか持ち堪えてくれていた。

日中線記念館に到着し（写真❸）、喜多方市の担当者に挨拶を済ませると、さっそくにオハフ61 2752の観察を開始した。雪の多い地域ではあるが、大きな屋根に守られていることと、定期的な塗装などのメンテナンスが続けられているおかげで、車体は現役当時とさほど変わらないコンディションを保っていた。

❷ロケの当日は、台風8号が本州に最接近し、夕方には静岡県の伊豆半島に上陸、進路はまさにこちらを向いていた。上空に怪しげな雲も渦巻いていたが、何とか大荒れになる前にロケは終了した。❸最晩年は“幽霊駅舎”の異名を持つほどであった熱塩駅の駅舎も、現在は美しく手入れされて日中線記念館として保存されている。❹線路のバラストに寝っ転がって底面側から見上げたところ、台枠にくっきりと溶接痕が残っているのが確認できて、思わず感嘆の声を上げてしまった。

肝心の台枠の溶接痕のほうは、車両の傍で屈めば、すぐに見つかるものとタカをくくっていたのだが、これがなかなか見つからなかった。カメラが回っているのに、溶接痕を見つけられずにウロウロするばかりで、焦る気持ちが募った。台枠を舐めるように何度も見ていくうちに、ようやく溶接痕に遭遇し、大きな声で「あった！」と叫んでしまった。

その時になって、ようやく当たり前のことに気が付いた。溶接痕は、ある一面だけに存在するものではなく、台枠の全周にわたって存在しているはずということだ。台枠の外側からでは判別しづらかったが、底面側から見上げれば、溶接痕はもっとわかりやすいのではないか。そう考えて、市の担当者に許可を得て、線路のバラストに寝転がって、下から台枠を見上げて、再び大きな声を上げてしまった。予想よりはるかにくっきりと溶接痕が残っていたからだ。しかも、繋ぎ合わされている鋼材同士に段差まで生じていたのだ（写真❹）。この段差はとても大きな意味を持っており、詳しいことはのちほど解説させて頂くこととするが、これでロケ隊の関心は一気に床下へと吸い寄せられた。暗くて狭い床下で、カメラマンとディレクターと3人でスシ詰め状態になりながら、ライトで溶接痕を照らし出し、角度を変えながら何度も撮影を敢行した。いつまで経っても床下から出てこないロケ隊に、市の担当者はさぞ怪訝に思われたであろうが、辛抱強く見守っていて下さった。

この日は久々のロケということで、

一番気に入っていた革靴を履いてきた。まさか床下でバラストの上を転げ回る展開になるとは予想しておらず、床下から出てきた時には、革靴はすっかり傷だらけになっていた。

「鋼体化客車」が生まれた背景とは

さて、鋼体化客車という、鉄道史上でもかなり特異なコンセプトを持った車両が誕生したのには、いくつかの背景が存在していた。そのひとつが緊急に行わなければならない安全性の向上、もうひとつが終戦直後の混乱に伴う資材の不足、そして最大のものが、占領下の日本においてはＧＨＱの下部組織であるＣＴＳ(民間運輸局)の意向が絶対だった。このような因子が重なったことが誕生の背景にあった。

安全性の向上というのは、地方交通線を中心に、脆弱な木造客車がまだ大量に残っていたためだ。終戦から数年を経た時点に至っても、客車の過半を老朽化した木造車が占めているような状況で、いよいよ改善の必要性が高まっていた。木造客車は、森林資源が豊富で木工技術も優れていた日本においては、親和性が高い存在ではあったが、いっぽうで強度は鋼製客車に比べて劣り、ひとたび脱線事故や衝突事故が起きてしまえば、大きな被害が出ることは必至だった。当局においても、鋼製客車の増備の必要性については戦前から認識していたが、なにしろ必要な客車の数が膨大で、追いついていないのが実情であった。

終戦後の車両全般に当てはまることであったが、戦災による焼損や戦時中の酷使による劣化により、車両の不足は極限に近い状態となっていた。一方で、資材も慢性的に不足しており、その補充もままならない状況が続いていた。そしてそれ以上に現場を悩ませていたのが、前述したＣＴＳの意向の絶対的な強さだった。客車を自由に製造することなど、とても叶わない状況となっており、とりわけ一般向け客車の新製に関しては、インフレ抑制などを理由として、ＣＴＳは頑強に拒み続けた。

ひとつの転機となったのが、１９４７年に起こった八高線における旅客列車の脱線転覆事故であった。１８４名(１８８名との記述も)もの死者を出す

GHQとCTS

GHQは、第二次世界大戦の終結に伴い、日本における占領政策を実施するために設置された連合国軍機関で、General Headquarters, the Supreme Commander for the Allied Powersの頭文字からこのように呼ばれている。その下部機関として設けられたのが、交通行政を所管するCTS（民間運輸局、Civil Transportation Section）で、独立した強い権限を持ったことから、鉄道車両の新製はもちろん、トラック運送事業に至るまで、CTSの許可がなければ何ひとつ実行することはできなかった。

大惨事となったが、編成中に多くの木造客車が連結されていたことで、被害がより拡大する結果となってしまった。わずか数メートル下の桑畑に転落しただけでも、木造客車の車体は粉砕してしまい、その脆弱性が改めてクローズアップされる結果となった。

当局では、CTSに対して客車の深刻な老朽化と脆弱性を強く訴え、鋼製客車の新製が認められないならば、せめて木造客車の改造による鋼製客車の製造を許可するよう迫った。CTSとしても、安全上の理由を盾に直訴されたのでは、無下に却下するわけにもいかず、再び大惨事が起こった際には責任を問われかねない。日本側の当局者による機転と行動力によって、CTSの「裏」をかくような恰好で、ついにその首を縦に振らせることに成功したのだった。

木造客車を改造することによって生まれた鋼製客車は、前述の通り「鋼体化客車」と命名されたが、実態は上回りを中心に、ほぼ新製客車と変わりがないものであった（写真❺）。木造客車から転用されたのは、台枠以下、連結器や台車などだけで、台枠より上については、骨組みから外板、天井の梁に至るまで、すべて新品だった。ただ、CTSには〝改造工事〟として合意を取り付けた手前、露骨に新車だと受け取られてしまうような姿で出場させては、せっかくの苦労も水泡に帰しかねない。鋼体化客車の初期車に関しては、木造客車と同じ窓配置を再現するなど、慎重に事が進められた。車内の内装品に関しても、木造客車時代の金具が随所で再利用された（写真❻）。第一陣の鋼体化客車がデビューを果たし、CTSから特段のお咎めを受けなかったことを見届けたのち、第二陣からは窓配置を当時の標準的な鋼製客車と同様に改め、外見では他の新製客車に見劣りしないまでの仕上がりになった。

❺車体は新製されたため、外見は昭和20～30年代に製造された他の客車と比べても見劣りしないものとなった。❻網棚や腰掛を支える真鍮製の金具などは再利用されたため、レトロな雰囲気が漂う。これは資源を節約する意味と、CTSの裏をかく意味の両方で役立った。

当時の職人たちのボヤキまでが聞こえてきそう

さて、話を台枠に戻そう。日中線記念館で見せて頂いたオハフ61 2752の台枠では、繋ぎ合わされている鋼材同士に段差が生じていた。乗客たちにとっては、台枠がどのような姿になっていようとも、それで乗り心地が変わるわけでもないので、大きな関心が生じることはないのであるが、客車にとっての台枠は、〝屋台骨〟を意味する重要

な部材で、関係者にとっては大きな関心を生じる対象であった。客車の形状と強度を担保していることはもちろん、

❼強度が要求される台枠にあって、断面が異なる鋼材同士を溶接で継いだ跡。最後まで破断することなく耐え抜いたのは、まさに現場における対応力の賜物と言えた。❽オハ61系では座席間隔を詰めるために背もたれのモケットが省略され、晩年には乗客に避けられる原因ともなった。❾台車も木造客車が履いていたものが再利用されたが、運転速度が上がると揺れが酷くなり、これも不評の一因になったという。❿全国でも保存されている鋼体化客車は少ない。写真はそのうちの貴重な1両のオハ61 930で、きちんと屋根を架けて奈良県の天理駅前で保存されている。

機関車の牽引力に耐え、その力を後続の客車に伝え、制動の時には圧縮の力にも耐えている重要な部材であり、オハフ61 2752で見られるような切り継ぎの加工は、できれば避けたかったはずである。それでもあえて切り継ぎが行われた理由は、鋼体化改造のベースとなった木造客車の多くが17m級で、鋼製客車の標準は20m級であったため、そのままでは台枠に約3mの不足が生じるためであった。17m級のままで木造客車から鋼製客車に作り変えるという案も検討されたが、収容力の小ささや運用上の不便さなどから却下となった。

この不足する約3m分の鋼材については、ひと回り小さくて廃車にする予定であった木造客車から発生する台枠を、細切れにして使うことになった。なにしろ短期間に大量の鋼体化客車を製造しなければならなかったので、資材の確保ができたという点ではメリットが生まれたが、このアイデアは職人を泣かせる結果ともなった。その理由は溶接の難しさにあった。溶接する断面同士の形状が必ずしも一致していなかったのだ。そのような相違が生まれた理由は、台枠に採用されていた鋼材の断面が、時代や車種によって異なっていたためであった。

強度をもっとも必要とする台枠で、断面が一致していない鋼材同士を無理矢理溶接によって繋ぐことなど、現代であれば考えられないことだが、当時はそれを現場の対応力で乗り切ったわけだ（写真❼）。オハフ61 2752の下に潜って、丁寧に仕上げられた溶接痕を間近で見上げていると、日本にもこんなに苦しい時代があったこと、それを知恵と工夫と根性で乗り切ったことが思い起こされ、すっかり感動の渦に飲み込まれていたというわけだ。そうした当時の心意気だけでなく、職人たちのボヤキまで聞こえてきそうな気がした。この台枠は、そのあと数十年に

わたって、何の不具合を起こすこともなく走り切ったわけであるから、その点でもまさにあっぱれであった。

鋼体化客車の果たした役割と顛末

鋼体化客車の最終的な経過について、ここで振り返ってみると、1949年から1955年にかけて製造された総数は約3500両に達し、その車種も座席車から荷物車、郵便車、合造車に至るまでの多岐にわたった。これだけ短期間に大量の鋼体化客車を送り出した例は世界でも他になく、まさに世紀の大事業であった。戦後の混乱がまだまだ続いていた当時、買い出しなどで輸送力が逼迫する中、脆弱な木造客車の一掃を果たし、旅客輸送の量的・質的改善を実現した鋼体化客車は、外地からの引き揚げなどで失業者が溢れていた世の中に、多くの雇用を創出したという側面も持ち、戦後の復興を下支えした存在と言ってよかった。それからも通勤通学列車を中心に運用され、時には集団就職の上京列車や、多客期の臨時急行列車などに起用されることもあった。

世の中がだいぶ落ち着いてきて、客車も自由に新製できるようになると、鋼体化客車は次第にその輝きを失っていった。日常的に乗り慣れている乗客は、編成中に鋼体化客車が繋がれていると、意図的に避けて他の客車に移ることもあったという。不人気を招いてしまった主な原因は2つで、ひとつは座席の背もたれのクッションが省略されて座席間隔が詰められていたため、窮屈で乗り心地が悪かったことと（写真❽）、もうひとつは、台車が木造客車の再利用品だったため、スピードが上がると揺れが酷かったことであったという（写真❾）。

こうした晩年の不評が災いしてか、引退後に保存が行われた鋼体化客車というのは比較的少なく、せっかく保存された車両でも、雨ざらしで劣化した結果、のちに解体されてしまったというケースも相次いだ。この熱塩駅のオハフ61 2752のように、きちんと屋根まで架けられて保存されているケースは全国的にもごく少数で、ほかでは奈良県天理市のオハ61 930のみとなっている（写真❿）。各地を「裏」巡礼で歩いているのも、そうした危機が迫っていないか確認して回る意味も込めている。

日中線と熱塩駅

日中線は、1938年に開業した11.6㎞のローカル線で、喜多方駅と熱塩駅を結び、将来的には米沢駅まで延伸して東北南部を縦貫する鉄道の一部となる計画だった。しかし、実態は1日3往復しか列車が走らない閑散線区で、“日中走らぬ日中線”と揶揄されたほどで、特に終点の熱塩駅の駅舎は荒れ果てて“幽霊駅舎”と呼ばれていた。1984年に日中線は廃止となったが、熱塩駅舎は再整備され、1987年に「日中線記念館」として開館した。

二　ディーゼル機関車の「裏」

国産を達成した核心部分

DD51形の床下へと潜入

　京都鉄道博物館は、まだオープン前の最終段階だったが、準備に忙しい館内を学芸員の方が案内下さり、ディーゼル機関車「DD51形」の床下を見せて頂けることになった。京都鉄道博物館は、2016年4月29日に、展示面積およそ3万1000平方メートルでオープン、当時国内最大級を誇った。収蔵車両の中には、今回のお目当てであるDD51 756も含まれるのだが、実際に展示されている姿を目の前にすると、その迫力に胸が高鳴った。なにしろ、展示されている位置が、目線の高さよりも上にあったからだ。機関車の真下には、床下を見学できるように、通路が設けられていた(写真❶)。

　展示車両の下に通路を設けて、床下を見せるというアイデアは、他館でもすでに実現しているものではあったが、その場合、展示車両はフラットな床に置くのが基本で、その下を掘り下げて通路を設けるのが通例となっていた。ところが、京都鉄道博物館の場合は、通路を掘り下げる代わりに、展示車両を持ち上げるという大胆な方法が採られていた。このようなダイナミックな展示方法となったのには、「裏」の事情も少々あったそうで、ここは〝千年の都〟である京都、しかも本館のある位置は、平安時代の朱雀大路の上に当たっており、埋蔵文化財に配慮してのことだったという。館内に収蔵されている電気機関車のEF66 35も、同じ理由で見上げるような位置に展示されている(写真❷)。京都で開館した博物館ならではの事情であった。

❶京都鉄道博物館に展示されているDD51 756は、その床下が見学できるように設置されている。迫りくる排障器の迫力は、動かないとわかっていても恐怖心を抱かせる。

　さっそく、その通路を歩かせて頂くことにしたが、武骨な排障器が目の前に迫ってくると、本能的に身構えてしまった。絶対に動かないとはわかっていても、恐怖心を抱かせてしまうほどの迫力であった。通路を歩いていて感心したのは、徹底的に整備された床下の様子だった。来館者に見せる展示物であるから、当然と言えば当然ではあるが、これほどに整備された姿は、落成直後か全般検査の直後でなければ見られないものであろう。鉄道車両の床下を来館者に見せることは、博物館にとっては大きなセールスポイントとなるいっぽう、機関車の場合は、実現までのハードルは相当に高かったはずである。なにしろ機関車は他の車両に比べて重量が圧倒的に大きく、それに耐えうるだけの強度が必要となるうえ、潤滑のためのオイルやグリスを使用する部位も多いために、その下を来館者が歩くとなると、汚損防止などの対策も必要となるからだ。そうした数々の難題をクリアされたからこそ、今こうしてDD51 756の下を歩くことができるわけだ（写真❸）。

このDD51形は、1962年から1978年までの16年間に649両が製造された、わが国を代表するディーゼル機関車であり、令和の時代に至っても、活躍を続ける現役車が存在したほどの長寿を誇っている（写真❹）。導入当初の目的は、蒸気機関車を置き換える「無煙化」だったが、目的はもうひとつあり、それは無煙化のために先行して投入されていたディーゼル機関車の「DF50形」に代わる、次世代の標準形機関車の開発というものがあった。DF50形が、パワー不足と高価格という問題を抱えていたためだ（写真❺）。ざっくりではあるが、両者を比較してみると、いかにDD51形が高出力で安価なディーゼル機関車であるかは一目瞭然である。

・DF50形：1400馬力、約7500万円
・DD51形：2200馬力、約6000万円

〝高出力で安価〟という無茶な要求に応えることができた理由は、DF50形で採用された動力伝達方式が電気式と呼ばれる、ディーゼル発電機で発生させた電力でモーターを駆動させるものだったのに対し、DD51形では液体式と呼ばれる動力伝達方式を採用したことにより、ディーゼルエンジンの動力で直接的に台車を駆動させることが実現できたことがあった。液体式の〝液体〟とは、制御に油を使用するというものであるが、国産の液体変速機の開発に成功したことこそ、DD51形が誕生

『性能、機構とも世界的なものと自認する』

液体変速機を完成させた技術者が執筆した「日立評論」1963年7月号では、序文だけでその心意気が伝わってくるので、ここでご紹介しよう。『大型ディーゼル機関車用変速機には液体式と電気式の二方式があるが、わが国においては液体式が適すると考えられ、大型液体変速機の国産が強く要望された。これに応えるため日本国有鉄道の指導の下、日立製作所において1500rpm 1000PS DW2形液体変速機が開発された。本機は日本国有鉄道の斬新な構想と日立製作所が蓄積した技術と経験が母体として完成されたものであり、性能、機構とも世界的なものと自認する。』（「日本国有鉄道納　大形ディーゼル機関車用1000PS液体変速機」）

できた核心の出来事であった。開発を共同担当したメーカーが、当時発表した論文に『性能、機構とも世界的なものと自認する』という一文を誇らしげに掲げていたことからも、そのことの大きさを窺い知ることができる。その全文は欄外コラムでご覧頂きたい。

❷本館には電気機関車のEF66 35も展示されており、DD51 756と同様に床下を観察できるように通路が設けられている。❸来館者が安心して床下を歩くことができるよう、万全の整備と汚損防止対策が施されている。❹令和に入ってもDD51形は定期運用を持っていたが、2021年についに終了し、この雄姿を見せていたDD51 1028も、2023年3月に解体されて姿を消した。❺蒸気機関車を置き換える目的で導入されたDF50形は、特急列車から貨物列車までを幅広く受け持ったが、いっぽうで低出力が課題となっていた。❻最初に目に入るが台車で、車軸に取り付けられているグレーの機器が「第2減速機」だ。放熱のために設けられている表面のフィンが特徴的。❼長い第2推進軸が繋がっているライトグリーンの機器こそ、DD51形の核心部分と呼ぶべき「液体変速機」で、見えているのはその下端側だ。

海外では、当時の西ドイツが大型の液体変速機の実用化に成功していたが、それ以外の国々では西ドイツからの輸入や技術提携に頼っており、その開発はエンジン以上に難しかったと言われる。京都鉄道博物館では、DD51形に採用された誉れの国産の液体変速機を、床下から観察できるというわけだ。

いよいよ液体変速機と対面

排障器の下を潜って最初に見えてきたのが台車で、両側の車輪と、その間にはグレーに塗装された大きな変圧器のような姿の機器があることがわかる。このグレーの機器は「第2減速機」で、内部は潤滑油で満たされており、接続されている「第3推進軸」からの回転を減速させて車軸へと伝達する役割を担っている。表面にいくつもフィンが設けられているのは、減速機の放熱を促進させるためである（写真❻）。第3推進軸の先には「第1減速機」があり、さらに長い「第2推進軸」が連なっていて、その先ではライトグリーンに塗装された機器に繋がっている。この機器こそが、「液体変速機」なのであった（写真❼）。下から見上げているので、底面付近のほんの一部分しか見えていないが、ここだけが他とは違ってライトグリーンに塗られているので、「重要な機器なのだな」と察知することができる。

この液体変速機は「ホイト式」と呼ばれているタイプだが、いかに優れた機構であったかは、いくつもの資料で述べられている。具体的には、他方式と同様に機械的なクラッチを採用していないため、摩耗のリスクがないことに加え、可変充填式のトルクコンバータ（トルコン）を採用しているため、変速の時にトルクの伝達が途切れないというメリットが挙げられていた。私のような門外漢でも、この機構の素晴らしさは容易に理解できた。

このＤＤ51形は、全部で３つの台車を持つが、中間の台車だけは減速機が取り付けられていないことがわかる。この中間台車は無動力で、軸重の軽減のために設けられており、軸重を14トン以内に収めることに成功した。それまで蒸気機関車のＣ57形やＣ61形が活躍していた線区にも、ＤＤ51形が無煙化のために入線することが可能となったのは、この中間台車による軸重軽減のおかげであった。

私が訪れたのはオープン前のタイミングだったため、各パーツにはまだ解説板が取り付けられていなかったが、現在では「制輪子」、「燃料タンク」、「ＡＴＳ車上子」といった解説版が取り付けられている。とりわけＡＴＳ車上子に関しては、下からのアングルで見上げるようなことは通常まず不可能なため、表面がこんなふうに凹凸のない平滑な形態となっていて、これによって地上子との交信が行われていたことをリアルに知ることができたことは、とても感慨深いものがあった（写真❽）。

ＤＤ51形に憧れた中学時代

このＤＤ51形は、私にとっては特別に思い入れのあるディーゼル機関車でもあった。まだ私が中学生だった頃、山陰本線の京都口にはＤＤ51形が牽引する客車列車が多数残っていた。発車する際の甲高い汽笛、アイドリングから力行へと変わっていくエンジンの重低音の響き、客車をグイグイと牽いていく力強さに憧れを抱き、山陰本線は通学経路からは大きく外れていたにもかかわらず、相当に遠回りをして、この客車列車で通学をしていた。この当時に連結されていた客車は、「オハフ33

ホイト式液体変速機はどこが優れていたか

ホイト式液体変速機が優れていたことを本文中で述べたが、もう少し具体的に説明すると、例えば２速から３速に変速する時、２速のトルコンの排油が完了してから３速のトルコンに充油を始めるのではなく、２速のトルコンから油を徐々に３速のトルコンへと充填しつつ、トルクを連続的に２速から３速へと移すメカニズムとなっているため、加速しながらスムーズな変速を行うことが可能で、変速時における効率も上げることが可能となっていたということが挙げられる。

❽ATS車上子は、自動列車停止装置のうち、車両側に搭載される機器で、地上子から送信される情報を受け取る役目を担う。床下から地上に向けて設置されるため、下面を見ることは通常まずない。❾私が中学生の時に撮影したオハフ33形。1985年の当時は、このような手動扉の旧型客車がまだ京都駅や大阪駅まで乗り入れており、通学で日常的に乗車することができた。❿DD51形の最後の定期運用を引き継いだのがDF200形で、写真の222号機は北海道から転属して防音強化を施した上で愛知機関区に所属している。⓫1989年にJR並河駅が移設された際、元の駅舎用地を整備してDD51 1040が展示された。山陰本線で寝台特急「出雲」も牽引した由緒正しき1台である。

形」や「スハフ42形」などといった、戦前から昭和30年代に製造された旧型客車がまだ多数を占め、デッキの扉は手動だった(写真❾)。京都駅から二条駅にかけて続く高架区間では、扉を開け放って、高架の壁に反響する走行音を楽しみながら通学していた。

京都鉄道博物館に展示されているDD51 756は、新製配置が熊本区で、1981年に東新潟区、1984年に米子区、2010年に厚狭区、2011年に門司区へとそれぞれ異動をしており、残念ながら山陰本線の京都口を受け持った経歴はなかったが、2014年の引退まで全国で幅広く活躍した機関車であった。

戦後の大型ディーゼル機関車の標準形として、長らく第一線で活躍してきたDD51形だったが、1990年代に入ると半導体技術が飛躍的に進歩したことで、ディーゼル機関車は再び電気式へと回帰、DF200形が新たに製造されてDD51形との置き換えが進められた(写真❿)。もはや風前の灯となっているDD51形であるが、その功績を讃えて保存される例も各地で見られており、JR山陰本線の並河駅前には、かつて寝台特急「出雲」などの牽引で活躍したDD51 1040が展示されている(写真⓫)。なによりも、京都鉄道博物館の本館1階に堂々と据え付けられているDD51 756が、床下までじっくりと鑑賞できるように整備されていることに、しみじみと有り難みを再認識した。開発に心血を注いだ技術者たちに想いを馳せながら、液体変速機を真下から見上げた時、誰もが特別な重みのようなものを感じるに違いない。

三 新幹線の「裏」

新幹線の日常整備から最期まで

車輪旋盤、そして工場の裏側へ

　速達性と定時性で、世界にその名を轟かせている新幹線であるが、その安全運行を「裏」で支えている本丸のひとつが、JR東海の浜松工場である。浜松工場では、全般検査をはじめとする各種検査や修繕が行われており、新幹線車両が細かいパーツ単位にまで分解されて整備を受けている（写真❶）。整然と積み上げられた小さなプラスチックのコンテナには、「空調装置」、「除湿装置」、「列番車上子」、「シートパッキン」などとラベルが貼られて分類されていた。こうした几帳面な作業の積み重ねがあってこそ、新幹線の正確無比な運行が支えられていることを改めて実感する（写真❷）。

❶浜松工場では、新幹線の全般検査、修繕、整備など、まさに舞台裏の作業を一手に引き受けている。

　広い工場内で歩みを進めていると、ひときわ存在感のある大きな機械が目に入った。「門型NC車輪旋盤」と呼ばれるもので、車輪の計測と削正を自動で行うことができる優れものだ（写真❸）。高速走行を行う新幹線にとって、車輪とレールが接する「踏面」の状態は、安全性や乗り心地に直結する非常に大切な要素で、その踏面を左右同時に自動で削正できるのであるから、その威力は計り知れない。しかも全閉型のカバーが採用されているので、現場での切屑処理の負担軽減まで実現している。車輪旋盤の前には、これから削正を受ける車輪と、削正を終えた車輪が並んでいたが、後者が鏡面のような輝きを放っていたことがとても印象的だった（写真❹）。

　できることならば新幹線の床下も覗いてみたかったが、現役の車両だけに、保存車の時のように床下に潜入することはさすがに叶わなかった。その代わり、工場の「裏」で面白いものを見ることができた。それは廃塗料の置き場であった（写真❺）。新幹線を塗装する際に、使いきれなかった塗料は適正に廃棄することになるわけだが、それは「白」と「青」が大半であるので、廃塗料置き場の床も、必然的に白と青の2色に染まっていた。もちろんこれは新幹線の車体と全く同一の純正な色なのであった。

新幹線の運転台と、「紙」とのご縁

　このあとは、憧れの運転台見学の機

会に恵まれた（写真❻）。N700系の運転台は、これまでにもテレビなどで前面展望や運転シーンが放映されており、おおよそのイメージは持ち合わせているつもりだったが、実際に運転台に立ってみると、想像していたよりもはるかに室内はコンパクトで、計器類もシンプルな印象を受けた。なによりも、フロントガラスが思い描いていたものよりもかなり小さいことに驚いた。東海道新幹線における「のぞみ」の最高速度は時速285km、山陽新幹線では時速300kmであるから、高速走行域では、もはや運転士の視認に頼る部分よりも、計器類の制御に頼る部分のほうが大きいことを端的に表しているのであろう。これから到来するリニアモーターカーともなれば、人間に頼る部分が一層縮小されることは容易に想像がつく（写真❼）。

　ところで、運転台で面白いものを見つけてしまった。紙媒体の大型時刻表だった。最先端技術の塊のような新幹線にあっても、やっぱり長年親しまれた伝統的な紙の時刻表がいまも息づいていることは、ちょっと嬉しい発見でもあった。

　この紙というキーワードには続きがある。新幹線のあるパーツには、紙が使われているという事実だ。私も初めて知った時は驚いたが、近年放送された番組でもそのことが採り上げられ、広く知られるようになった。新幹線の側引戸や配電盤扉などには、「ペーパーハニカムコア」と呼ばれる紙製品が使われているのだ（写真❽）。ペーパーハニ

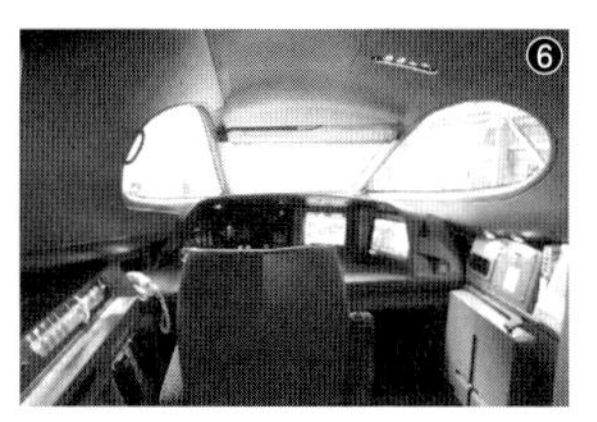

❷大きな新幹線の車体も、細かいパーツ単位で緻密に管理されている。これが日々の安全運行を支えている重要なルーティンであることを実感する。❸広い工場内で、ひときわ目立つ大型の機械が門型旋盤だ。自動化されている上に、発生する粉塵が飛散しないように配慮されている。❹手前側はこれから研磨を受ける車輪で、一番奥には研磨を終えた車輪が置いてあり、その光り輝いている状態は鏡のようだった。❺浜松工場の裏手には、新幹線の車体の塗装で余った廃塗料の置き場があった。床が新幹線と同じ白と青の2色になっているのが面白い。❻航空機のコックピットを思わせる新幹線の運転室。右端には紙媒体の時刻表が写り込んでいることにも注目だ。❼すでにこれだけ計器類が電子化されていると、AIによる自動運転が実現する日も遠くないのではと実感してしまう。

カムコアの特徴は、必要な強度を、より軽い部材で実現したことにあり、しかも音や衝撃を吸収することが可能で、断熱効果もあるという。その技術は新幹線だけでなく、輸送機器の分野で幅広く応用されている。

　このペーパーハニカムコアは、内部構造として採用されているため、当然ながら外部から直接的に見ることはできない。その姿が見られるのは、唯一、製造の現場だけである。その製造現場を訪ねる機会に恵まれて、扉の「裏」を覗いてみた。

　岐阜県養老町に本社を置くアルナ輸送機用品株式会社は、新幹線をはじめとする輸送機器の扉で大きなシェアを占めているメーカーである。ここではさまざまな鉄道会社に納品される扉などが製造されており、多様な扉が並んでいる様は、さながら〝扉のショールーム〟のようであった。

　ペーパーハニカムコアの現物も、もちろんそこにはあった。ご案内下さった同社の森本弘志さんから「直接手で触れても良い」との許可を得て実際に手を伸ばしてみたが、これが驚くほどに柔らかかった。手触りは厚紙そのものといった感じで、これで必要な強度が生み出されるというのであるから、にわかには信じ難かった。ハニカムという立体構造のなせるマジックのようだった。

　このアルナ輸送機用品株式会社の所在する岐阜県養老町は、近くに鉄道車両メーカーの工場が立地しているというわけでもなく、むしろ緑の多い自然が豊かなところである。なぜこの場所に工場が設けられたのだろうと疑問に思ってお尋ねすると、それはきれいな水が豊富に存在する土地であったからという答えが返ってきた。ドアの骨材などに使用されるアルミの表面処理の工程には、多くのきれいな水の存在が不可欠なのだそうだ。養老という地名からは、日本の滝百選にも選定され、「養老孝子伝説」などの故事でも知られる、あの「養老の滝」が連想されるが、まさにその同じ町内に立地しているわけだ。新幹線のパーツも、究極的には清浄な環境で造ったほうが、より良いものに仕上がるという事実に、何だか清々しい気持ちになった。

　アルナ輸送機用品株式会社とのご縁は、このペーパーハニカムを拝見しただけでなく、同社で大切に保存されてきた、前身の会社が創業期に製造した阪急５５０形のカットモデルの新天地

かつては見られた車体上げ・載せ作業の実演

　JR東海の浜松工場では、一般公開イベントとして『新幹線なるほど発見デー』を例年開催し、その中で新幹線先頭車両の車体上げ・載せ作業の実演を公開して人気を博していた。工場のリニューアル工事に伴って車両検査方法が変更となり、この実演は2018年を最後に終了となった。

探しのほうでより深くなるのだが、それはこのあとの章で詳しくご紹介する。

〝裏方〟のほうが大スターに

　ところで、新幹線の「裏」と聞いて、もう一つイメージされるものとしては、〝ドクターイエロー〟の愛称で親しまれている総合軌道検測車があるかもしれない（写真❾）。営業列車の合間を縫って、架線や軌道の状態を走りながら検測する車両で、新幹線の安全な高速走行を支える裏方の存在だ。夢中で追いかけるのは、以前ならば鉄道愛好家が中心だったが、近年ではその様相がすっかり変わっており、ホームに〝ドクターイエロー〟が入線してくると、家族連れや女性たちで大盛り上がりとなる。

　その理由は、ボディが黄色に塗られていることにあり、黄色が幸運を連想させるとして、いつしか〝目撃すると幸せになれる〟と話題になり、その姿を一目見たいと人が集まるようになったからだ。車体が黄色に塗られているのは、もちろん誰かを幸せにするためではなく、視認性を上げることで工事や保線における安全性を高めることに目的があるのだが、そのことはすっかり忘れ去られている。ネット上には沿線で撮影された画像や動画が数多く投稿され、運転日や運転ダイヤもリアルタイムで投稿されるため、追いかける人も年々増加しているようだ。元々は裏方の存在であったのが、いまではすっかり大スターのような存在に変わっている。

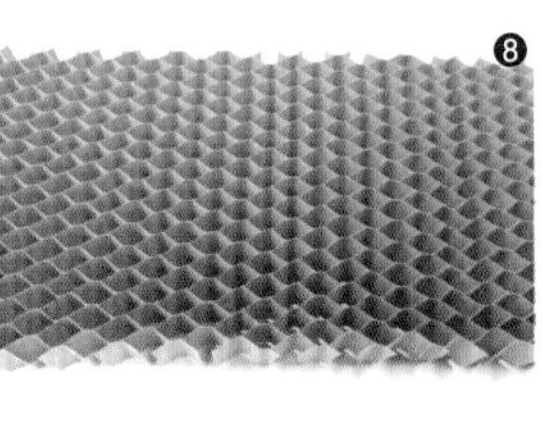

❽新幹線の側引戸には紙製品であるペーパーハニカムと、アルミハニカムの両方が使用されている。在来線の側引戸は大半がペーパーハニカムのみを使用しているという（画像提供：森本弘志さん）❾“ドクターイエロー”の愛称で親しまれている総合軌道検測車は、幸運を連想させる黄色の塗色から、最近ではすっかりスター級の扱いとなっている。❿最期の時を迎え、すでに窓ガラスや座席、内装などの除去作業が終わった「725-3511」。ドアの左には号車番号の「13」の表示が残っている。

新幹線の最期を見届ける

　新幹線にとっての、もっとも「裏」のシーンといえば、やはり解体ということになるであろう。解体は危険を伴う作業であるため、その現場に立ち入らせて頂くことはもちろん叶わないが、公道から解体シーンを見られる場所がある。それが福岡県那珂川市にある博多総合車両所の一角で、訪れた当日は、すでに座席や側引戸などが取り外され、あとは重機で車体が崩されるだけという状態の７００系の姿を見ることができた（写真❿）。後方の重機が、まず車体の上部を引きちぎるように撤去し、続いて台枠を細切れにしてゆく。養生テープが貼られている台車の真上あたりが最後に解体されることになる。

日々、日本の大動脈を安全に走り切った700系たちの最期の儀式は、こうして人目に触れにくい車両所の一角で静かに執り行われるわけだ。物悲しい光景には違いないが、近年は「車両構体から車両構体へのアルミ水平リサイクル」という、新たな取り組みが始められており、そのイメージも変わりつつある。従来は、新幹線の車体を解体した際に生じたアルミスクラップを、内装部品の一部に循環利用する程度に留まっていたが、2023年度より投入されるN700Sの2次車からは、「車両構体材」として循環利用することになった。

これはまさに、新幹線から新幹線への〝輪廻転生〟と言っても良い取り組みである。そうしたことが技術的に可能になったおかげで、CO2排出量を新幹線1編成あたりで約50トンも削減できるのだという。そうと知ると解体作業の未来は、何だか輝かしい第二の旅立ちのように思えてくるではないか。

四 軍用貨車の「裏」

旧日本陸軍の小さな忘れ形見

❶新京成電鉄のくぬぎ山車庫には、旧日本陸軍鉄道聯隊の97式軽貨車が保存され、イベント時にはピット内に入って下から見上げることが可能だった。

新京成電鉄の陰の功労者(車?)

旧日本陸軍鉄道聯隊の「97式軽貨車」は、平成に入ってからは各種書籍や雑誌で相次いで採り上げられるようになって、ずいぶんと知られた存在となったが、それより以前では、ごく一部のコアな愛好家に知られるのみで、鉄道の現場でも、その素性はあまり知られていなかった。ただ、軍用として、最前線の過酷な使用にも耐えるよう堅牢に造られていたことが幸いし、戦後も長らく保線の現場で重宝されていた。

千葉県鎌ケ谷市に本社を置く新京成電鉄株式会社でも、創業当時から10両ほどの97式軽貨車と、無蓋車体1台を保有しており、路線の建設工事や、二度の改軌工事でも活躍した。ちなみに、新京成電鉄の前身こそ、旧鉄道聯隊の演習線であり、明治初期に設けられた広大な演習場である「習志野原」には、四街道から千葉を経由して津田沼までと、津田沼から鎌ヶ谷大仏付近を経由して松戸までの2つの演習線が存在していた。演習線では、軌道の敷設や撤収などの厳しい訓練が繰り返し行われていた。いっぽうで、沿線住民からは「軽便鉄道」の愛称で親しまれていたといい、事前に申込を行えば、農産物や貨物の輸送も許可されたという。

新京成電鉄では、津田沼から松戸に至る演習線の払い下げを受けて、1946年に創業し、曲がりくねっていた演習線の一部については、ショートカットによる線形改良を施し、1953年には1067㎜から1372㎜への改軌工事を、さらに1959年には1372㎜から1435㎜への改軌工事を行った。これらの改軌工事でも97式軽貨車が活躍したという。

創業当時には10両ほどあった97式軽貨車も、老朽化によって次第に数を減らし、ついには最後の2両が電気部門に残るのみとなっていた。1996年になって、97式軽貨車が〝当社の発展を陰で支えた功労者(車?)〟として認められ、保存されることになった。

新京成電鉄のくぬぎ山車庫では、定期的に車庫の一般公開イベントを実施しており、その際には97式軽貨車がピット上で展示され、来場者はピット内に入って97式軽貨車を下から見上げることが許された(写真❶)。

ところで、97式軽貨車の〝97〟とは、皇紀2597年(西暦1937年)に鉄道聯隊の制式貨車として採用されたことから、その下2桁を取って命名された。その使途としては、海外の戦地における鉄道敷設や、最前線における兵員、物資の輸送などが挙げられる。そして97式軽貨車の最大の特徴は、国内外のさまざまな線路幅に対応して、車輪の間隔が変えられることである。線路幅は地域によってばらばらで、例え

❷97式軽貨車の最大の特徴は、世界中のさまざまな軌間に対応が可能なことだ。車軸に取り付けられている「スペーサー」が簡便な軌間変更を可能にしている。❸軸受部分には当時としては珍しいボールベアリングが採用され、野戦鉄道における過酷な条件下でも安定した走行性能を発揮することができた。❹フレームの各所に丸い穴が開けられているが、これは軽量化を実現するためのもので、極限設計が採り入れられていたことを示す特徴でもある。❺新京成電鉄は旧日本陸軍鉄道聯隊の演習線の払い下げを受けて改修したもので、沿線では当時の鉄製枕木がたびたび出土したという。❻鉄道聯隊ではレールと鉄製枕木をハシゴ状に組んで、「軌框」として前線に運び込んでいたが、出土した鉄製枕木で軌框が再現された。❼軌框を繰り出すために設けられたローラー部分が残っている97式軽貨車も見られた。こんなパーツまでが、よくぞ今日まで残ったものだと感心させられる。

ば「野戦鉄道」で主に採用されていたのは600ミリであり、東南アジアなどで採用されていた狭軌は1000ミリ、国鉄を筆頭に国内で広く採用されていたのは1067ミリ、中国大陸など世界中で広く採用されている国際標準軌は1435ミリ、ロシアなどで採用されている広軌は1524ミリといった具合で、97式軽貨車は車軸に取り付けられた「スペーサー」と呼ばれるパーツと、ボルトを調整することにより、これらの線路幅に合わせて車輪の間隔を適合させることが可能となっていた（写真❷）。新京成電鉄のくぬぎ山車庫における公開時には、ピットに潜って、そのスペーサーを間近で見ることができたが、戦場ですぐに対応が可能なように、スペーサーはボルト4本で緊締されているだけで、スペーサーの位置をスピーディかつ確実に変更できるよう、実にシンプルな機構となっていた。複数の軌間に対応できる車両の開発は、現代に至っても「フリーゲージトレイン」の開発が断念されるなど難航しているが、それに比べると97式軽貨車のメカニズムは実に単純明快だ。さらに画期的だったのが、当時としては最先端技術だった「ボールベアリング」を採用したことで、これによって線路条件が劣悪な戦場でも安定して性能を発揮できるようになったという。これが戦後も保線用車両として長寿を保った秘訣であろう（写真❸）。

ピット内から見上げていて、もうひとつ目に留まったのは、軽量化のために随所に開けられていた丸い穴だ（写真❹）。これで本当に強度は大丈夫かと、不安になるほどに開けまくられていたが、これだけ開ければ重量低減にも一定の効果はあったのであろう。この極限ギリギリの設計思想には、のちに登場した零式戦闘機ともどこか似た匂いを感じた。

鉄道聯隊の演習線時代の遺産群

くぬぎ山車庫では、この97式軽貨車のほか、沿線で掘り出された「鉄製枕木」がハシゴ状の「軌框」の状態に復元されて保存されている（写真❺）。沿線で鉄製枕木が出土するのは、新京成電鉄の前身が旧鉄道聯隊の演習線であった名残であるが、レールは当時のものが残っていなかったため、栃木県の足尾歴史

過酷な工事でも知られた泰緬鉄道

97式軽貨車が国外で使われた実例として知られているのが「泰緬鉄道」であるが、いっぽうでその工事が過酷であったことでも知られている。日本軍約1万5000人、連合軍捕虜約5万5000人、現地人労働者約20万人が工事に携わり、1942年7月の建設開始からわずか1年3か月で、およそ415kmもの鉄路を完成させたが、熱帯のジャングルの中で疫病も蔓延し、多くの犠牲者を出したことで、戦後にも大きな禍根を残すこととなった。

館（現・古河足尾歴史館）から提供された同等品を使用したという（写真❻）。

実戦では、5ｍの長さに揃えたレールと鉄製枕木をあらかじめ軌框の状態に組み上げておき、軽貨車などで前線まで運んだ。1個の軌框の重さは175kgで、これを兵士6人で持ち上げて、号令に合わせて前方に投げ下ろしていたという。このような人海戦術による敷設の方法は、非常に危険を伴うものだったが、前線では敷設のスピードのみに焦点が絞られていた。くぬぎ山車庫の97式軽貨車にも、軌框などを繰り出すために使われたと思われるローラーの金具が1か所だけ残っているのを見る事ができた（写真❼）。

くぬぎ山車庫には、あともうひとつ、旧鉄道聯隊の演習線にまつわる大切な遺産が保存されている。それは旧日本陸軍の用地境界杭だ（写真❽）。白御影石でできているという杭には、はっきりと「陸軍」の文字が刻まれているのを見ることができた。上から三分の一ほどの位置にはテープが巻かれていたが、ここより下は地中に埋められていたという。軍用だけあって良質の石材で造られていたこともあり、終戦直後の混乱期には、建築材料として相当数が盗難に遭ったという。新京成電鉄の創業以降も、払い下げを受けた旧陸軍の境界杭はそのまま使用していたが、近年ではコンクリート製の境界杭への置き換えが進んでおり、その数は少なくなりつつあるという。

戦後も80年近くが経過し、かつて日本に〝戦時〟があった痕跡もどんどん消え去っているが、くぬぎ山車庫に保管されている旧日本陸軍鉄道聯隊の97式軽貨車、軌框、境界杭は、鉄道という枠を超えた、我々が忘れてはいけない歴史を呼び覚ましてくれる大切な遺産たちと言えるかもしれない。

❽「陸軍」と彫られた白御影石の境界杭も展示されていた。黄色のテープより下は地中に埋まっていた部分だという。

❾その堅牢な造りから、国内のさまざまな鉄道事業者で戦後も長くに渡って使われてきた。写真は熊本電鉄の北熊本駅で見かけた97式軽貨車。❿西武山口線1形3号客車は、1950年に97式軽貨車を改造して1形16号としてデビュー、1972年に1形3号に改番された。1984年に引退したのち、2022年に再生された。⓫国外での保存例として知られている、タイのクワイ川鉄橋駅の近くで展示されている97式軽貨車。⓬クワイ川鉄橋駅の近くでは100式鉄道牽引車も展示されている。日本国内でも埼玉県の朝霞駐屯地輸送学校に1両が現存するのみである。

国内そして海外にも残る97式軽貨車

　国内では、ほかにも97式軽貨車の現存例が知られており、これまでの「裏」巡礼では、ひたちなか海浜鉄道、西武鉄道、秩父鉄道、京成電鉄、小湊鉄道、岳南鉄道、大井川鐵道、阪堺電気軌道、熊本電鉄などを訪れてその姿を確認してきた（写真❾）。貨物鉄道博物館では、展示車両としての収蔵がなされており、埼玉県内では、西武鉄道山口線の1形客車に改造されていた97式軽貨車が、キッチンカーの飲食スペースとしてカラフルな姿で再生された実例もある（写真❿）。

　97式軽貨車の「裏」巡礼では、海外に足を運んだケースもある。それはタイのカンチャナブリにあるクワイ川鉄橋駅で、駅前には97式軽貨車が保存されている（写真⓫）。クワイ川鉄橋は映画「戦場に架ける橋」でも有名となったが、戦時中にタイとビルマを結ぶ目的で旧日本軍により建設された「泰緬鉄道」では、97式軽貨車などが１００式鉄道牽引車（写真⓬）とともに使われたと伝えられている。戦時の辛い記憶を呼び起こす存在ともなりうる97式軽貨車が、ほぼ完全に近い姿で、それも戦場となった地で現在まで保存されてきたことに、敬意を表したい。

五　ナベトロの「裏」

大規模工事を支えた最小級車両

❶東京都北区の荒川知水資料館の2階に展示されている“ナベトロ”。実は大変貴重な存在である。

貴重な〝ナベトロ〟は果たして!?

　東京都北区の地下鉄南北線・志茂駅から歩いて15分ほどの静かな場所に、「荒川知水資料館」はあった。荒川放水路の河岸に建てられている同館は、荒川の治水、防災の歴史や自然環境などの情報発信拠点として、また流域や地域の方々との交流の拠点として、１９９８年に開館した。建物は立派で、しかも展示物が充実しており、これで入場無料なのは申し訳ないぐらいだった。来館するまでは、とりたてて治水に関心があったわけではなかったが、館内を一巡し終える頃には、荒川の治水や自然の奥深さにすっかり魅了されていた。

　さて、私にとっての同館での最大のお目当ては、治水などの土木工事で使われた小型のトロッコであった。このトロッコの存在を知ったのは、名取紀之氏の著書『編集長敬白』で紹介されているのを見かけたからだったが、それから実際に私が現地に赴くまで、あまりにも時間がかかりすぎた。この本が出版されたのは15年も前の2008年のことで、しかもトロッコは元々他施設で展示されていたもののことだったので、果たして現在でも展示が行われているのか、確信がないままでやってきた。1階の展示を見終えた時点でトロッコの姿は見当たらず、重量のあるトロッコを、わざわざ2階まで運び上げて展示するだろうかと、半ば諦めの気持ちで足取りも重く階段を上った。しかし、階段を上り終えてすぐのところで、トロッコの姿が目に飛び込んできた（写真❶）。

このトロッコは、実は非常に貴重な存在であるのだが、何だか無造作にポンと置いてあるように見えて、やや拍子抜けな気もした（写真❷）。傍らには解説板が立てられており、それによれば「放水路掘削工事で活躍したナベトロ（小型トロッコ）」と紹介されていた。解説文は、来館者の大半がナベトロを見るのは初めてであろうという前提で、とても平易に書かれていたので、ここでも紹介させて頂きたい。

『荒川放水路工事に関連した新中川・新綾瀬川の付け替え工事の際、主に活躍した小型トロッコ。土砂を入れるバケットの部分がナベ（鍋）に似ていることからナベトロと呼ばれ、約500台が稼働していました。80年以上も前のことです。鋳鉄製、ナベの容積は、0.6立方メートル（1合積）とトロッコとしては小柄。小回りが効き、狭い場所でも使えるのが特徴で、積み荷を降ろす時にはナベごとひっくり返します。荒川放水路工事（1911〜1930）では、水路の掘削・浚渫土量が2000万立方メートルを超え、さらに築堤土量も1200万立方メートル以上にのぼりました。当時、この大量の土砂運搬が、放水路工事の最重要課題となっていました。』

当時の様子を紹介する写真には、「岩淵水門補修工事で活躍するナベトロ」のキャプションが付けられていたが、そこに写っているナベトロは、まさに目

“ナベトロ”は小さいけれど…

レールの上を走る車両として“ナベトロ”は確かに小さいのであるが、鉄道模型のように気軽に扱えるかというと、そんなことは決してない。私も一度だけ、プライベートでナベトロを買ったことがあったのだが、新潟県まで取りに行く時も、現地まで自分でユニック車を運転する必要があったし、置き場所にしても、マンション暮らしをしている身では、どこかに土地を借りる必要があった。ひとたび置き場所を確保しても、レールがない地面では、少し移動させるだけでも一苦労で、憧れのナベトロではあったが、個人で所有し続けるにはどうにも荷が重く、最後は手放してしまった。

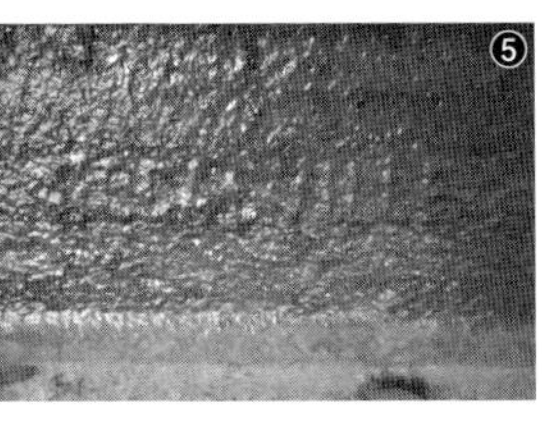

❷フロアにポンと置かれているような雰囲気であるが、きちんと解説板も設けられ、現役時代の様子も紹介されている。❸「岩淵水門補修工事で活躍するナベトロ」と解説された写真には、目の前にあるのとほぼ同一のナベトロが写っている（所蔵：荒川知水資料館）。❹ナベトロの容量はわずか0.6㎥で、重機が発達した現代から見ると何とも貧弱であるが、当時は大いに貢献したとのことだ。❺台枠を注意深く観察してみると、「DECAUVILLE」の陽刻を見つけることができる。

の前に展示されているものと瓜二つだった（写真❸）。

現代であれば、水路の掘削にはパワーショベルと大型ダンプカーが主役を担うが、戦前はこのようなナベトロが重宝されており、それも人力で押すケースが多かった。ナベは実測で約１０７０ミリ、台枠の幅は約７１０ミリしかなかったので、家庭にある浴槽よりも小さいぐらいということになる（写真❹）。高速で大量輸送を得意とするのが「鉄道」のイメージであるとするならば、低速で少量輸送しかできないこのナベトロは、まさしくその対極をゆく存在だったが、放水路工事に際しては最重要課題の解決に大いに貢献したというわけだ。

世界に「軌框」を広めたドコービル社

フランスの農園主だったポル・ドコービルは、テンサイ栽培と蒸留酒製造を営んでいたが、農産物の出荷を容易にするため、軌道の敷設と移動が簡単にできるハシゴ状の「軌匡」を考案、これを商品化して、1875年にドコービル社を設立した。軌匡や関連部品などの主力商品は、欧州各国の植民地を中心に輸出され、農業以外にも工事現場や鉱山、軍事の分野でも幅広く使用された。

このナベトロはなぜ貴重なのか

さらに、このナベトロに関しては、解説文では紹介されていない、別の重要なポイントが隠されている。それは、このナベトロがフランス製の舶来品で、国内でも他には確認されていない、超貴重な存在であるということだ。そのことは『編集長敬白』で詳しく述べられており、私も事前に通読してから来たので、まず重点的に台枠の観察を行って、無事に「ＤＥＣＡＵＶＩＬＬＥ（ドコービル）」の陽刻を探し当てることができた。もし陽刻があることを知らずに来館していたら、見逃してしまいそうなほどの、ほんのかすかな刻印であった（写真❺）。

軸箱には、さらに小さなフランス語

の文字で、「エネ プチ・ブール B112」の陽刻があった。プチ・ブールとは、ドコービル社の所在地であり、B112は、同社の管理用の品番を表している（写真❻）。同社では、あらゆる商材にこのような品番を付けていたという。

❻軸箱には「DECAUVILLE AINE PETIT BOURG B112（ドコービル エネ プチ・ブール B112）」の陽刻が見られる。❼ナベの側面はこのように穴だらけで、現役時代のハードな仕事ぶりが伝わってくる。❽肝心のナベ底を覗いてみると、大小の凹凸こそ見られたものの、穴を塞いだような継ぎ当ての痕跡は見当たらなかった。❾このナベトロは手押しが基本であったため連結器は備わっていないが、緩衝用と思われるバンパーのような金具が取り付けられていた。❿スポークが4本の華奢に見える車輪であるが、しっかりと役目を果たしたようである。車輪の欠けがタフな現役時代を偲ばせる。⓫その建設にナベトロが活躍した岩淵水門の旧水門は、1916年の着工で、1924年に竣工した。1982年に役目を終えたが、その歴史的価値により保存されている。

ところで、ナベトロにとって、もっとも大切なことといえば、それは当然ながらナベの底が抜けないことだ。いくら台枠や車輪が頑丈でも、ナベ底に穴が空いてしまっては、全く役に立たない。展示されているナベトロは、相当にハードな使われ方をしていたらしく、ナベの側面にはいくつも穴が空いていた（写真❼）。ならば、一番大切なナベ底はどうなっているのだろうかと、裏から確かめてみたくなった。幸いにも私が滞在した時間帯は他に来館者がなかったので、床に這いつくばって、ナベトロを「裏」から見上げてみることにした。ナベ底には、積み込みの衝撃でできたのであろう大小の凹凸と、小さな穴は確認できたものの、鉄板を継ぎ当てたような補修痕などは見当たらなかった（写真❽）。つまり、このナベトロのキャリアの中で、底が抜けたという不名誉な経歴は、一度もなかったということになる。さすがはナベ製品で世界に名を馳せるフランス製、ナベ底にも抜かりはなかったというわけだ。嬉しくなって、ナベ底やフレーム、車輪の写真をいろんな角度から撮りまくった（写真❾❿）。そうこうしているうちに、職員の方が通りかかって、不思議な顔をされてしまった。いい歳の大人が、床に這いつくばって夢中でナベトロの写真を撮っているのであるから、傍から見れば実に理解し難い光景であったことだろう。あとほんの少しで撮影が終わるタイミングだったのだが、恥ずかしい姿をバッチリ見られてしまった。

なにはともあれ、優秀な先達のおかげで、このナベトロの所在から、見どころや歴史的背景までが解き明かされており、国宝級のナベトロと無事にご対面を果たすことができた。帰りには、ナベトロたちがその建設に大きく貢献した岩淵水門の旧水門に立ち寄った（写真⓫）。この旧水門は1916年に着工、1924年に竣工し、1982年に新水門が完成するまで役目を果たし続けたが、役目を終えたあとも土木建築物としての価値が評価され、1999年には東京都選定歴史的建造物にも選定された。夕陽に照らされた旧水門は鮮やかな赤色に輝き、「赤水門」と呼ばれている通称がまさにピッタリだった。ちなみに新水門のほうは「青水門」と呼ばれている。十二分に満足して「裏」巡礼から引き揚げてきたが、はるばるフランスから運ばれてきて、国内では他に現存例が確認されていない貴重なナベトロであるのに、その凄さについてあまり触れられていないことが少しもどかしかった。

六　車両輸送の「裏」

蒸気機関車から新幹線まで

甲種輸送を熱い眼差しで見送る

鉄道車両を輸送する場合、鉄道線路上を走行する「オンレール」輸送と、鉄道線路上を走行しない「オフレール」輸送とに大別できる。鉄道線路を走るのにもっとも適した構造で造られた鉄道車両ではあるが、トレーラーの大幅な技術革新のおかげもあって、近年ではオフレール輸送が行われるケースが圧倒的に多くなっており、巨大な蒸気機関車の輸送などもたびたびトレーラーによって実施されている（写真❶）。

❶総重量が100トン近くに達する蒸気機関車のD51 827も、トレーラーの発達のおかげで、スムーズな陸送が目の前で展開した。

まずオンレール輸送から見てゆくと、自社内で回送列車や配給列車として走行させるケースと、貨物鉄道事業者に依頼して「甲種鉄道車両輸送」として貨物列車の形で走行させるケースとがある。後者は略して甲種輸送と呼ばれるケースが多く、メーカーから新車を鉄道会社に納入する際や、車両の検査・改造、中古車両の譲渡の際にそのシーンを見かけることがある。新車の場合、報道公開前であることも多く、関係機関の本音としてはあまり公表したくない、いわば「裏」の輸送シーンであった。これまでは月刊商業誌にもその輸送計画が掲載されていたが、その掲載もつい先日に終わりを迎え、世の中がいろんな意味で変わっていくことを実感する。

２０２１年10月15日から17日にかけて実施された甲種輸送では、東京メトロが発注した１７０００系の１７１８７編成が、メーカーの所在する大阪府の徳庵駅から、吹田貨物ターミナル駅、横浜羽沢駅を経由して、綾瀬駅まで機関車に牽引されて走った。この時、私は京都駅のホームで通過を待ちわびる愛好家たちの中にいたのだが、機関車の姿がはっきりと見えてくるにつれて、周囲のボルテージが急激に上がり始めた。牽引していた機関車が、新鶴見機関区に所属するＥＦ65　２１２７だったからだ(写真❷)。このＥＦ65は、広島車両所で塗装変更を受け、正面の貫通扉が〝カラシ色〟に塗られており、当時としては唯一の存在となっていた。もとより、東京メトロの車両が京都駅を通過していくことなど、新車として送り出されるこの一度だけであろうから、その貴重なシーンに立ち会えたことだけでもヒートアップは必至なのであった(写真❸)。

甲種輸送は、東京メトロの１７０００系のケースのように、専用に貨物列車を仕立てる場合もあれば、通常の貨物列車に併結の形で行われる場合もある。２０１９年２月15日から18日にかけて行われた、ディーゼル機関車・ＤＦ２００－１０６の北海道から兵庫県に向けての甲種輸送も、併結により実施された一例だ(写真❹)。北海道で活躍していたＤＦ２００形を、中京圏での使用に適合させる必要が生じたのだが、そのための防音強化や保安装置の変更などの改造を、川崎重工車両カンパニー(現・川崎車両)で実施することになったためだ。北海道の五稜郭機関区を出発したＤＦ２００－１０６は、青森信号所までをＥＨ８００形に牽引され、その先ではバトンのリレーのようにいくつもの機関車に繋ぎ替えられ

❷EF65 2127に牽引されて東京メトロ17000系の17187編成の甲種輸送が京都駅を通過した。このようなシーンは新車として輸送される今回限りとなるのが普通だ。❸京都駅では、ホームから転落するのではないかと思うぐらい、夢中でカメラを向ける愛好家たちの姿があったが、私もご多分に漏れずその中の１人になっていた。❹DF200-106の改造に伴う甲種輸送のシーン。北海道の五稜郭機関区から兵庫県のメーカーまでおよそ１週間をかけて輸送が行われた。

た。新鶴見信号所まではEH500形に牽引されて本州を南下し、東海道本線に入ってからはEF210形の後ろに繋がって、私が待ち構えていた京都駅を通過していった。この甲種輸送においても、工場に入る前と、改造を終えて工場から出た後では、ナンバーが変わってしまうため、DF200-106としての姿を見られるのはこれが最後だった。そう思うと、シャッターを押す指にもつい力が入ってしまった。

1両2億7000万円！緊迫の新幹線輸送

オンライン輸送は、路線の廃止や貨物営業区間の縮小などの影響を受けて減少傾向にあるが、オフライン輸送のほうは、前述の通りで近年は増加傾向にある。トラックやトレーラーを使用した陸送であることがほとんどであるが、長距離の場合は海上輸送と組み合わせるケースも多く見られる。近年、テレビでたびたび採り上げられて話題となっているのが、新幹線車両のメーカーからの納入だ。北陸新幹線の長野—金沢間延伸開業に際して、JR東日本とJR西日本で共同開発されたE7系も、複数のメーカーが製造を担当、このうち川崎重工車両カンパニー（現・川崎車両）の担当分は兵庫運河を経由して神戸港から、日立製作所笠戸事業所の担当分は山口県の徳山下松港から、それぞれ海上輸送が行われ、JR東日本納入分は仙台塩釜港でクレーン車によって陸揚げされた。そこから先は公道を走って宮城県利府町のJR東日本新幹線総合車両センターへと陸送された。海上輸送の区間では、気象条件に左右されるため、悪天候で日程が大幅に伸びたこともあったという。

２０１４年12月7日、私は新幹線総合車両センターが俯瞰できる県道塩釜吉岡線の陸橋でカメラを構えていた。11号車のグリーン車として組み込まれる、日立製作所製のE715-13の陸送の様子を見るためだった（写真❺）。センターの敷地を一杯に使って方向転換が行われていたが、E7系の中間車は車体長が25m、重量が約40トンもあり、しかも電子機器を満載した精密機器という側面も持ち、1両当たりの価格はおよそ2億7000万円とも言われていることから、少しの衝撃も与えないよう、慎重に移動させていく緊迫感がこちらにまで伝わってきた（写真❻）。ここまでの道中でも、鋭角のカー

東京メトロ17000系

東京メトロ17000系は、有楽町線・副都心線用の通勤型電車として、2020年～2022年に21編成180両が製造された。車体はアルミニウム合金製の20m級で、4ドア、VVVFインバータ制御の仕様となっている。2020年に日立製作所と共同でグッドデザイン賞を受賞している。

ブに差し掛かるたびに、内輪差や重量バランスに注意ながら、ハンドルを握るドライバーと、サポートをする作業員が息を合わせて、同じような作業を繰り返してきたわけである。

陸送の最難関は蒸気機関車

　新幹線の陸送も大変な作業だったが、蒸気機関車の陸送ともなると、さらに一層大変だ。私が陸送の裏側に立ち会った中で、もっともスケールが大きかったのが、蒸気機関車のD51形でのケースだった。D51形は全長こそ約20mであるが、機関車の運転整備重量が約78トン、炭水車が約47トンもあり、とにかく重いのだ。運転整備重量というのは燃料や水、潤滑油も含めた総重量であるので、燃料や水を積んでいない静態保存のD51形では、もう少し軽くはなるものの、それでも合計で100トン近い重量になるという。

　D51形は、「デゴイチ」の愛称で蒸気機関車の代名詞のように親しまれているが、それは総生産数が1115両（海外輸出分まで含めると1184両）と、わが国の機関車でもっとも多く造られたことに加え、性能の良さから長きにわたって全国各地で活躍したことも要因となっている。そんな人気を誇ったD51形であったので、引退後も公的施設や公園などから保存の要望が多数寄せられ、保存された両数は近年まで178両を数えるほどだった。ただ、引退から50年前後が経過し、老朽化で解体されるものも出るなど、次第にその数を減らしつつある。そのいっぽうで、従来にはあまりなかった新たな方向性として、解体ではなくオーナーチェンジという形で、D51形が新天地へと陸

❺

❻

❼

❺新幹線総合車両センターにおけるE7系のグリーン車のトレーラーによる搬入シーン。全長が25mもあることから、敷地を目一杯に使って取り回しが行われていた。❻付き添う係員も走りながらトレーラーの動きを追った。ここまでの道中、幾度となく繰り返されてきた動作であり、ようやくセンターに到着した安堵感も漂う。❼D51 827の陸送では、早朝からトレーラーやトラックが集結、奥のほうでは作業員たちがこのあとまもなく打ち合わせを始めた。

新幹線E7系・W7系電車

　東日本旅客鉄道と西日本旅客鉄道が共同開発した新幹線車両で、JR東日本所有車がE7系、JR西日本所有車がW7系と呼称されている。2015年の北陸新幹線の長野駅～金沢駅間延伸開業に合わせて導入された。最高速度は260㎞/hで、編成両数は12両、グランクラス車両とグリーン車を連結している。定員は編成あたり924名。

送されるケースが近年相次いで見られるようになった。

2017年4月16日に立ち会ったのは、愛知県あま市におけるD51 827の積み込みの現場だった。一連の作業を担ったのは、鉄道車両の輸送で数々の実績を持つ、大阪市のアチハ株式会社だ。しかも今回の作業は、単に依頼を受けて輸送するということではなく、再び走らせることを目的として、自社でD51 827を買い取ったことに伴う搬出なのであった。

D51 827は幸運な機関車だ。1943年に国鉄浜松工場で製造されてから、1973年までの長きにわたって活躍を続けただけでなく、廃車後も解体されることなく、愛知県甚目寺町(現・あま市)の個人の手で大切に保存されたからだ。そして今度は、和歌山県有田川町の有田川鉄道公園に移されて、再び走る姿を取り戻すというのだ。

ボイラーが宙を舞う光景は圧巻

搬出当日は朝7時すぎに現地に入ったが、すでにトラックやトレーラーが一列に並んでおり、蛍光色の安全ベストを身に付けた作業員も集結していた(写真❼)。付近の道路は、事前に警察からの許可を得て全面通行止となっていた(写真❽)。まもなく複数のテレビ局の取材クルーたちも到着、作業が良く見える周辺道路の歩道にはギャラリーも集まり始めて、熱を帯びた雰囲気が漂い始めた(写真❾)。

作業では、機関車のボイラー部分と、機関車の動輪部分、そして炭水車と、3つに分割してそれぞれを吊り上げ、トレーラーへと積載してゆく手順となった。作業エリアには一面に鉄板が敷き詰められていたが、重量物を吊り上げたクレーンや、それを積載したトレーラーが沈み込まないために必須の養生であった。作業で一番の圧巻は、やはりボイラー部分の吊り上げだった。ナンバープレートや前照灯が付いたままであるので、それがD51 827の一部であることはわかるのだが、それを

❽前面道路は全面通行止めの措置が取られたが、陸送においては経路を所轄する警察署から許可を取得する必要があり、その手続だけでも長期の期間を要する。❾世紀の作業を見届けようとギャラリーも集まり、その前方では複数のテレビカメラが三脚の上に並んで作業を見守った。❿ボイラーが高々と吊り上げられていくシーンは、この陸送におけるハイライトで、下から見上げている迫力は筆舌し難いものがあった。⓫巨大なはずの炭水車も、クレーンに吊り上げられると、何か小動物でも持ち上げているかのように見える。

D51 827

D51 827は1943年に国鉄浜松工場で製造され、名古屋局に配属された。戦後は中津川区を拠点に中央本線で活躍していた。1973年に廃車となった後、愛知県あま市の個人に買い取られ、約40年にわたって大切に保管された。2017年にアチハ株式会社に譲渡され、圧縮空気による動態復元が実現して有田川町鉄道公園で保存運転が行われた。2020年には、えちごトキめき鉄道との間で5年間のリース契約が結ばれ、直江津D51レールパークで保存運転が行われている。

裏から見上げることなど、まずあり得ないことなので、目の前で起こっていることがにわかには信じ難いほどだった（写真⑩）。ボイラー部分は想像よりもはるか高い位置まで吊り上げられたが、バランスを崩すこともなく、作業員たちが取り囲むトレーラーの上へと静かに降ろされた。こんなにスムーズに作業が進んでゆくのは百戦錬磨であるからだが、ひとつ一つの工程は本来は非常に難易度の高いものなのだ。ボイラー部分の積み込みが完了すると、続いて炭水車が宙を舞った。巨大なはずの炭水車も、こんなに軽々と持ち上げられると、まるでアニメ映画のワンシーンを見ているようにしか思えなかった（写真⑪）。そして最後に動輪部分が積み付けられたが、作業の開始からここまでに要した時間はわずか6時間ほどで、改めてそのスピードに驚かされた（写真⑫）。

44年ぶりに走る姿を披露

その作業がいかに緻密で確かなものであったかは、3日後に証明されることになった。それは有田川鉄道公園での再組み立てが無事に完了したからだ。もし分解する時にパーツを曲げたり破損したりしてしまっていれば、元の状態に戻すことができなくなる。ほんのわずかな配管のズレでも、噛み合わなくなってしまうのだ。しかし、そんなことは全くの杞憂に終わった。きちんと組み上げられたことはもちろん、同年6月25日には再び走る姿を披露したのだ。この日の試験走行では、前照灯を点灯し、コンプレッサーから送り込まれたエアーで動輪を回し、現役を引退してから44年も経過していることなど感じさせない姿を披露した。同年7月23日からは乗車体験会も開始され、公園は多くの来場者で賑わった（写真⑬）。同社の島正男さんのお計らいで、私も運転台に上がらせていただく機会に恵まれた。運転席に座って、前方を注視、汽笛を吹鳴、ブレーキを緩め、高い位置にある「加減弁」と呼ばれるレバーをゆっくり手前に引くと、巨大なD51形が動き始めた。この時の心境は、感無量という言葉以外には思い浮かばない（写真⑭）。公園内のレールは約200mという短い距離だったので、すぐにブレーキを操作して停車させることにはなったのだが、それでもD51形を自分の手で運転したという感激はしばらく消えなかった。

⑫走行中の振動で荷崩れを起こさないよう、万全の積み付けを終えたD51 827のボイラーとキャブ。3日後には有田川鉄道公園で無事に取り卸しを終えた。⑬有田川鉄道公園で走行を披露するD51 827。引退してから44年を経て再び走ることなど、いったい誰が予想できたであろうか。⑭D51の運転席に座って加減弁を操作したことは、これからも忘れ得ぬ大切な想い出となった。⑮D51 827はさらに活躍の舞台を、2021年4月29日にオープンした「直江津D51レールパーク」へと移し、走る姿を披露し続けている。

このD51 827のストーリーには、まだ驚きの続きがあった。それは、「トキ鉄」の愛称で親しまれている新潟県の第三セクター鉄道、えちごトキめき鉄道との間で、5年間のリース契約が締結されたことだ。トキ鉄では、新潟県における鉄道発祥地である直江津の運転センターに残る国鉄時代の転車台や扇形機関庫を活用して、「地元の人が鉄道に愛着を持つきっかけに」との想いから鉄道テーマパークを開設することになり、その目玉として、D51 827に白羽の矢が立ったのだ。構内では車掌車を連結して、来場者を乗せて走ることまで発表された。

D51 827は2020年10月30日に有田川鉄道公園から搬出され、約560kmの道のりを3日がかりで走って、同年11月1日にトキ鉄に到着した。それからはアチハ株式会社でSL整備を専門に担当する元国鉄マンから、トキ鉄の若手整備士へと技術の伝承が行われ、2021年4月29日に「直江津D51レールパーク」として無事にオープンを迎えた。全国から多くの来場者があり、私も開業後しばらくして現地を訪れた。SL乗車体験にももちろん参加したが、その日も無事に滑らかな走行を披露した（写真⑮）。それは舞台裏で日々の入念な整備が続けられていたからこそで

D51形蒸気機関車

1936年から1945年までの間に、わが国における機関車の生産台数としては最大となる、1115両が製造された蒸気機関車。蒸気機関車の代名詞的存在で、戦時輸送から戦後の復興を担う貨物列車までを幅広く担当し、操作性と性能の良さから現場でも好評だったと伝わる。引退後には全国で178両が静態保存され、現在も数多くの本形式が各地の公共施設などに展示されている。

あったが、整備の中でも特に重要なのが注油とのことだった。注油部は車輪を中心に全部で１００か所以上もあり、どこか1か所でも注油が足りないと、そこから摩耗したりすることに加えて、油の粘度は気温によっても変わるため、季節ごとの調整も欠かせないのだという。愛知県あま市で、約40年にも及ぶ眠りから覚めるところに立ち会ったD51 ８２７が、こうした丁寧な整備を受けて走り続け、多くの人に親しまれている姿を目にするにつけ、つくづく幸運な機関車だなとの思いを改めて強くした。

七 車両解体の「裏」 鉄道工場から区役所前まで

❶719系H23編成は、1990年から2017年まで東北本線や仙山線などで活躍したが、郡山総合車両センターで最期の時を迎えていた。

憧れの「北斗星」が解体されてゆく…

鉄道車両は、頑丈に造られているとはいえ、やはり一定の寿命を持った工業製品であり、いつかは姿を消す運命にある。その最期となる解体シーンは、以前ならば比較的オープンな場所でも作業が行われていたため、目にする機会が少なからずあったが、近年は環境問題などへの意識の高まりもあって、次第にクローズドな場所で行われることが多くなった。

私が中学生であった30年以上前は、学生服のままで解体現場を覗きに行くと、作業員が手を止めて、〝欲しい部品があったら、持っていっていいぞ！〟みたいなことを言ってくれることもあった。そんなときは大喜びで本物の鉄道車両の部品を大事に抱えて持ち帰った。よく言えば大らかな時代だったが、今の時代にそんなことを言ってくれる人は皆無であろう。

その鉄道車両の解体であるが、大きく分けて2つのケースがある。ひとつは、運用終了後に車両基地から計画的に総合車両センターや工場に送り込まれて解体されるケース、もうひとつは、一度は保存や活用を目的に市中へと運び出されたあとに、保存や活用の継続が断念されて解体されるケースである。前者の場合、鉄道車両の解体は日常的な業務の一環であり、市民生活から隔離された環境が最初から確保されているため、作業も比較的スムーズなものとなる（写真❶）。
近年では鉄道車両の解体を専門的に引き受ける業者も増加し、以前ならば古くなった車両を自社工場で解体していた鉄道会社でも、環境への意識の高まりも受けて、こうした専門業者に外注することが増えている。ところが、後者の場合は、保存や活用は公共施設や公園などの敷地内で行われていることが多いため、市民生活と隣り合わせで鉄道車両の解体を行わねばならず、作業は自ずと慎重かつ繊細なものとなる。

　これまで数多の解体シーンを見て来たが、前者の中で印象的なものとして挙げられるのが、寝台特急「北斗星」に使われていた客車の解体だ（写真❷）。最晩年のフィーバーから、一時は保存への機運が高まり、クラウドファンディングで寝台客車が買い取られて宿泊施設に転用された事例や、食堂車が買い取られてレストランに転用された事例などが生まれたが、全体から見ればわずかな数で、それ以外の圧倒的多数の客車は、あえなく解体によって姿を消していった。寂しい光景ではあったが、すべての客車を保存することなど当然叶うはずもなく、前述の新幹線でのケースと同様、一度素材にまで戻って、また再び新たな命を吹き込まれて世の中に還ってくるという当たり前のサイクルだと受け止めるしかなかった。

　そんな大きな話をしたあとで、ずいぶんと小さな話で恐縮であるが、こうした解体シーンを眺めていていつも思うのが、愛好家であれば垂涎の部品類が、取り外されることなく、そのままスクラップになってしまうのが惜しいということであった。尾灯のレンズなどは、1枚で数千円の値が付くこともあり、ほかにもドア上部の号車札差や、デッキドアの指定席札差、洗面台に取り付けられていた網棚など、欲しくなるお宝が一杯付いたままであるのに、解体作業はどんどんと進められ、廃棄物として片付けられてしまうのだった（写真❸）。解体作業の効率を考えれば、愛好家が興味を示す部品類をチマチマ外すことなど、やっていられないのは理解しているが、何とももったいないと、いつも指を咥えて見守っていた。

　そんなケチな話は横に置いておいて、解体作業に話を戻すが、作業のシーンを見守っていて面白いと思ったのが、最終段階での客車の支え方だった。台車が両側とも揃っているうちは安定し

秩父鉄道車両公園

　秩父鉄道の創立90周年を記念して、1989年3月に三峰口駅構内に開園。電気機関車2両、電車2両、貨車6両の計10両を展示していた。展示車両の老朽化に伴って、2019年4月に閉園、部品などの一部保存や写真などによる資料化ののち、同年5月より解体撤去が行われた。なお、2020年に「SL転車台公園」としてリニューアルオープンした。

ていて良かったのだが、台枠の切断が進んで、台車の片方がなくなってしまうと、台枠の水平が保てなくなる。そこで登場したのが、何とドラム缶だった(写真❹)。左側によけられた台車の代わりを、2本のドラム缶が務めていたのだ。まさかドラム缶に、客車の台枠を支えられるほどの強度があるとは思わなかった。

❷憧れの寝台特急「北斗星」の客車たちも、保存が叶ったのはわずかな数だけで、大多数はこのようにスクラップとなって姿を消した。❸解体作業で出たパーツ類が次々と台車に積み上げられていった。台車の一番上には､トイレの便器がゴロンと載せられていたのが印象的だった。❹解体作業が進み、左側の台車が切り離されたあと、残った右側の車体を支えていたのは、何と2本のドラム缶だった。❺想い出の電車であったモハ474-18も、いよいよ解体は最終盤、車体を切り刻むための重機が後ろにスタンバイしていた。❻積み重ねられた鉄の塊を見て、これが電車の残骸であることを言い当てるのは難しいほどであるが、わずかに見え隠れする塗料の断片で、車種の推定が可能であった。❼与野区役所付近に立てられていた工事予告の看板には、「蒸気機関車解体工事」の文字があり、何とも悲しかった。

親しみのある電車たちも、鉄の塊に…

私が目にした前者の解体シーンのうち、もうひとつ印象的なものとして挙げられるのが、JR西日本の金沢総合車両所松任支所で進められていた「モハ474-18」の解体だった。私が大学在学中にお世話になった、まさにその電車が解体されている最中だったからだ。福井県の大学に通っていたので、休みの日に石川県金沢市へ出かける際や、実家の京都に帰省する際などは、北陸本線をよく利用したのだが、その際には特急料金をケチって普通列車ばかり利用したため、その際にお世話になったのがこの電車だったのだ。元は急行用に製造された電車だったため、車内の中央部にはズラリとボックスシートが並び、ゆったりとくつろげる点が好きだった。デッキの洗面台やトイレにはまだ〝国鉄〟の薫りが残っていて、どこか遠くへ連れていってくれそうな、どこか旅気分を盛り上げてくれる電車だった。そんな電車が、窓ガラスも、窓枠も、車内のボックスシートもすべて取り払われ、これからまさに重機で車体をバラバラに切り分けられる瞬間を迎えていたのだ（写真❺）。こんな時でも、つい目が行ってしまったのがドアの両側に付いたままのサボ差や号車札差で、せめてどれかひとつでも貰えないだろうかと思ったりもしたが、もちろん叶うはずもなかった。

さらに別の日には、JR東日本の長野総合車両センターを訪れたが、そこでは解体作業を終え、平べったい鉄の塊となって積み上げた電車の残骸を見かけた（写真❻）。断面には、わずかにオレンジとグリーンの帯の色が見えたので、おそらくこの時期に集中的に解体されていた211系電車の車体であったのだろう。地層のように積み重なった残骸には、アイボリーとクリームの部分もあったので、そちらはおそらく485系電車の車体だろう。この積み上げられた残骸を見つめていた時も、視線はつい、くっついたままの列車種別札差と号車札差に行ってしまった。

ふと、積み上げられた残骸の背後に目をやると、これからまさに切り分け作業が始められようとしている、別の211系電車の姿があった。製造から数十年、日々を安全第一で過ごした電車たちも、最期はわずかな時間でスクラップとなってしまう。何度も見ても、儚さを感じてしまう瞬間であった。

「末永く保存」の宣誓はどこへ？

ここからのテーマは後者、すなわち保存や活用の継続が断念されて解体されるケースに移るが、その中で特に印象的なものとして挙げられるのが、埼玉県さいたま市の与野区役所前に保存展示されていた蒸気機関車「39685」の解体シーンであった（写真❼）。区役所の敷地内ということで、当然に市民生活のど真ん中で作業を行わねばならず、背の高い仮設柵と仮設扉で万全の遮蔽体制が構築され、解体シーンは市民の目に触れない形で粛々と進められた（写真❽）。この仮設扉が大きく開かれるのは、解体作業に関係する車両が出入りする時だけだ。ガードマンの動きが慌ただしくなったのを見て、その瞬間はまもなく訪れると予測、カメラの電源を入れて待ち構えた。その予測は的中し、仮設扉が大きく開かれ、クレーン車と大型トラックが中へと入っていった。大きく開かれた仮設扉からは、中の様子がばっちりと見えたのだが、予測に反して、中はほとんど空っぽになっていた。解体作業の進捗が、予測したよりもはるかに早く、すでに39685のパーツは大部分が搬出済みで、残っていたパーツも、この日に到着したトラックで全部積み終わってしまいそうなぐらいの量だった（写真❾）。

ふと、その手前に目を遣ると、柵が積み重ねられ、その上に看板が載せられていることに気が付いた。それは39685を囲っていた柵と、その由緒

❽市民生活にすぐ隣接した場所で解体が行われたため、高い仮設扉で万全の遮蔽体制が取られていた。❾かつて輝きを放っていたはずの蒸気機関車も、ただの鉄の塊に変貌し、それも残すところわずかとなっていた。❿傍らに積み上げられていたのは、周囲に設置されていた柵と解説板で、そこに書かれた「末永く保存することになりました」の文字が虚しかった。⓫中山平温泉駅の前に保存されていたC58 356は、ヘッドライトも垂れ下がって悲しげな表情となっていたが、2022年に解体されて姿を消した。⓬C58 356は陸羽東線も走った縁のある蒸気機関車だったが、最後は地域の住民から撤去の要望が出されてしまった。⓭いよいよ閉鎖を間近に控えた加悦SL広場では、名残を惜しむ人たちが入場券を求めて長蛇の列を作った。⓮近江鉄道ミュージアムでは、舶来の電気機関車「ED14」が、奇跡的に4両すべて揃っていたが、1両も残ることなく解体されてしまった。⓯かつての秩父鉄道車両公園には10両が展示され、手前のワキ824は、袋詰めセメントを下板橋駅や業平橋駅、南高崎駅まで輸送するのに活躍していた。⓰かつての加悦SL広場で転車台を囲んでいた車両たち。左から順にキハ101、ワブ3、SLの4号、キ165で、ワブ3が貨物鉄道博物館に寄贈された。

や諸元を記した解説板だった（写真❿）。その解説板の文面は、「末永く保存することになりました」の一文で締めくくられていたが、いま目の前で起こっているのは、まさにそれを反故にした解体作業だった。昔日の理想は全く力を持ち得なかった現実に、言葉の虚しさを感じずにはいられなかった。

この39685で見られたような解体シーンは、残念ながら近年では珍しいものではなくなってしまった。蒸気機関車が全国で定期運用を終えて約50年、ブームに沸いた当時は、全国の市町村が競って手を挙げて静態保存車を迎え入れたが、定期的に掛かる塗装などの整備費用はそれなりの金額に上り、その現役時代を知る世代の高齢化や、断熱材として使用されていたアスベストが問題視された影響などもあって、保存の継続を断念するケースが相次いだ（写真⓫⓬）。蒸気機関車に縁もゆかりもないような児童公園に、遊具も同然のような扱いでポツンと置いておくような従来のやり方では、今後もジリ貧は目に見えている。思い切って、残すべき蒸気機関車と、処分すべき蒸気機関車をきちんと線引きし、残すべき蒸気機関車は、大きなブロックごとに集約して、管理と整備、そして観光資源化を一元的に行うような変革が必要な時期に差し掛かっているように思う。処分すべきと分類された蒸気機関車も、ただスクラップにしてしまうのではなく、残すべき蒸気機関車に分類された機体のために、補修用のパーツを提供したのちに、残りの部分を資源としてリサイクルに回すなどの取り組みを行えば無駄にはならない。処分を行う前には、きちんとデジタル技術による記録を行っておけば、将来的に立体映像の形で再現や活用を行うことも可能となる。老朽化で一定数の解体が避けられないならば、現代の在り方にマッチした方法で、その選別と活用を行ってゆくことも、ひとつの方法ではないかと思う。

鉄道保存施設の閉鎖が相次ぐ

その一方で、こうした取り組みは、残念ながら民間任せではなく、自治体や国が主導していかなければ恒久的には続かないことも明らかになってきている。それは近年、民間が運営する鉄道保存施設で閉鎖が相次いだことからもはっきりとしている。近年だけでも、2018年12月には滋賀県の「近江鉄道ミュージアム」、2019年4月には埼玉県の「秩父鉄道車両公園」、2020年3月には京都府の「加悦SL広場」が、それぞれ閉鎖となっている。

近江鉄道ミュージアムの閉鎖に際しては、展示車両のうち、わずかな両数が他施設に譲渡されたが、それ以外はすべて解体となってしまった。東海道本線の電化開業に合わせてはるばるアメリカから輸入されたED14形などは、

近江鉄道ミュージアム

彦根城築城400年祭に合わせて、2007年3月に彦根駅構内に開設。展示車両は途中での増減もあったが、晩年は電気機関車10両、電車2両、貨車3両を展示していた。2018年12月に閉園、ED31形2両と、トム200形1両は移設保存が行われた。なお、2019年11月には八日市駅改札内の2階に同一名称の「近江鉄道ミュージアム」がオープンした。

加悦SL広場

旧加悦駅構内に開設されていた「加悦SLの広場」が、1996年11月に旧大江山鉱山駅構内に移転、名称を「加悦SL広場」に変更してオープンした。蒸気機関車6両、ディーゼル機関車5両、ディーゼルカー4両、電車2両、客車6両、貨車4両の計27両を展示していた。2020年3月に閉園、このうち蒸気機関車の2号と客車のハ4995、ハブ3が加悦鉄道資料館へと移された。

加悦鉄道ワブ3

1926年に梅鉢鉄工所で製造された有蓋緩急車。当初は無蓋車「ト2」として製造され、1943年に自社工場で現在の姿に改造されたと記録される。1985年の加悦鉄道廃止まで在籍していたが、当時としても珍しい木柱の姿を留める1両であった。晩年は老朽化が著しかったが、1996年11月の旧大江山鉱山駅構内への移設時期に合わせて全面的な修復が行われた。

輸入された1~4号機がすべてこのミュージアムに集結して保存されていたにもかかわらず、それらが1両残らず解体となってしまった(写真⓭)。ミュージアムの跡は、現在は広いコインパーキングに変わってしまっている。秩父鉄道車両公園に至っては、自治体からの譲渡希望が寄せられた車両があったにもかかわらず、全車とも解体になってしまった(写真⓮)。

加悦ＳＬ広場の閉鎖に際しては、展示車両が27両もあり、しかも国の重要文化財に指定されている車両や、与謝野町指定文化財に指定されている車両まで含まれていたため、関係者はその処遇に頭を悩ませることとなった(写真⓯)。それでも、この閉鎖を機に、里帰りを果たした車両もあり、蒸気機関車の１０３号は山口県下関市に、ディーゼル機関車のＤＣ３５１は青森県五戸町に、それぞれ移設保存が行われた。それ以外の車両でも、在るべき施設への移設保存が実現した例もあり、貨車のワブ3は、三重県いなべ市の貨物鉄道博物館への移設保存が実現した(写真⓰)。ワブ3は、私が学生時代に初めて加悦ＳＬの広場を訪れた時には、木造の屋根が陥凹してくるほどに傷んでおり、もし他施設であればとっくに壊されていたかもしれない状態だった。それを職人の執念ともいうべき情熱で、材料の切り出しから組み上げ、塗装までを行って、見事に修復されたのだった。そんな「裏」事情を知っているだけに、このワブ３に関してはどうしても後世に受け継がれて欲しいと願い、輸送費に充てて頂こうと私も１００万円の寄付を行った。

移設保存が実現した車両に関しては、ひとまずピンチを乗り切った形だが、こうした近代化遺産に関しては、ピンチを迎えてから慌てるのではなく、前述の通り、初めからある程度の線引きを行っておくことが必須であろう。そして、国民の歴史遺産として後世に残してゆくべきと選定された車両に関しては、国あるいは自治体が主導的に関わって、屋根や建物を設置し、恒久的に残してゆくことを可能にする環境整備が必要と考えられる。そうしないと、また経済の動向ひとつで、解体のピンチを迎える車両が続出してしまうことになる。解体作業はわずかな期間で終わるが、それで消えてしまった数十年分の歴史は、再び取り戻すことはできない。

第二章

車両基地の「裏」

一 イベントの「裏」 津軽鉄道・五所川原機関区（青森県）

『つてつ青空博物館』の舞台裏

　章の初めなので車両基地についてごく簡単に総括しておこう。名称には車庫や機関区、工場、検修場など、その機能の違いによってさまざまな呼称が存在するが、共通していることは、いずれも接客を前提とはしていない施設であるということだ。このため、関係者以外が立ち入ることは許されず、通過する車内から中の様子を遠巻きに覗き見することぐらいしかできないのが一般的だ。ラッシュ前の早朝や、ラッシュが一段落した日中の車庫などは、運用から帰ってきた編成がズラリと並んで壮観であるし、納入されたばかりの新車や、軌道検測用の珍しい事業用車両を目撃した時などは、自らの幸運を喜ぶことになる。車両基地が近づいてくると、せっかく座席にありついていても、そうした珍車を見逃しては損という気持ちが働いてしまい、つい席を立ってドア付近で外を眺めることもしばしばだ。乗客の中で、車両基地の通過にタイミングを合わせて、さりげなく首を捻っている人の姿を見かけると、ちょっと共感してしまったりする。このように、車両基地は部外者にとっては縁遠く、そして魅惑的な場所であるのだが、一部の車両基地では、年に1回程度、一般公開の機会を設けているところもあり、車両基地の「裏」が覗ける絶好の機会となっている。

❶津軽鉄道では、開業80周年を記念したイベント「津鉄タイムマシンに乗って、懐かしのあの頃にタイムスリップ」が開催され、大勢の来場者で賑わった。

　そうした機会にチェックしているのが、保守用車、引退車両、設備類、工具類、そしてゴミ箱だ。中には引退から約40年が経過した車両が荒れ果てた状態で残されているケースもあり、そのほかにも、どこから発生して、何のために残されているのかわからない予備部品が山積みになっているケースなどもあり、大いに興味をそそられる対象となる。

　総括が長くなってしまったが、そうした車両基地への「裏」巡礼は、一般公開などの機会を利用して自らの意思で訪ねることがほとんどであるが、数少ない逆のパターンで訪ねたのが、青森県の津軽鉄道・五所川原機関区であった。同鉄道では2010年に開業80周年を迎えており、その記念イベント「津鉄タイムマシンに乗って、懐かしのあの頃にタイムスリップ」の一環として、津軽五所川原駅構内で『つてつ青空博物館』が開催された（写真❶）。そのボランティアスタッフの一員として、車両見学ツアーのガイド役を仰せつかったのだ。もちろん、事前に各車両の経歴などは下調べをしてから来たものの、やはり当日の車両の位置などを最終確認しておく必要があるということで、早朝から大いに「裏」巡礼をさせて頂いた。津軽鉄道は非電化であるため、上空に架線などがなくて空が広々としており、当日は青空に恵まれたこともあって、まさしくネーミングどおりの〝青空〟博物館となった（写真❷）。

博物館というキーワードのほうも、ダテではなかった。昭和初期から中期の古典車両が一堂に会しており、１９２８年に製造された元西武鉄道の１５１系電車を改造したナハフ１２００形（写真❸）を筆頭に、１９２９年に製造された有蓋貨車のワム1形（写真❹）、１９５７年に製造されたディーゼル機関車のＤＤ３５１などが並んだ。当日解説した中で一番若い車両が１９６２年に製造されたディーゼルカーのキハ22形であったから、他ではなかなかお目に掛からない充実のラインナップであった。

記念イベントの呼びかけを行われた運輸課長とともに進めた車両見学ツアーは、線路に下りてこれらの車両の間近まで行けることが特長で、それだけでも十分に凄いことだったが、現場のトップである運輸課長による生の解説が聞けることが最大の目玉だった。私も参加者の興味の核心に触れるようなお話を引き出せるように頑張った。青空博物館が成功に終わったことは、参加された方々の満足そうな顔が証明していた（写真❺）。津軽鉄道でこのように古典車両にスポットを当てたイベントを実施しようという機運が高まったきっかけには、ある人物の情熱と行動が大きく影響していた。

熱意と行動力で周囲を突き動かした人物

その人物とは、鉄道博物館の学芸員を務めていた親友の故岸由一郎君であった。岸君がある提案を携えて津軽鉄道を訪れたのは２０００年のことで、

津軽鉄道DD350形

津軽鉄道DD350形は、1957年と1959年に各1両が新潟鐵工所で製造されたディーゼル機関車で、珍しいロッド式駆動装置を採用している。ストーブ列車の牽引機として全国的知名度を誇るが、本機が暖房用蒸気発生装置を搭載していないため、客車にストーブを設置したことがそもそもの事の起こりである。DD351は機械故障で長期にわたる休車となっている。

ちょうど津軽鉄道が開業70周年という節目の年を控えており、それを機に古典車両を活用したイベントを行ってはどうだろうという内容だった。会社では「ストーブ列車」の運行実績はあったものの、それ以外は「古いだけの車両」と認識しており、それを目当てに人が集まることには懐疑的であった。大きな規模のイベントのノウハウもないということで、その申し出を一度は断ったと言う。それでも岸君は、企画からボランティアスタッフの確保まで引き受けるという熱意で説得した。それが2000年10月28・29日に開催された「津鉄きしゃっこカーニバル」だった。当日、沿線にズラリと並んだ鉄道愛好家の姿に、古典車両たちの持つ価値と集客力が初めて強く認識されたのだった。

彼が切り拓いた新境地のおかげで、75周年、80周年と節目の年に記念イベントが継続された（写真❻）。ただ、私

❷『つてつ青空博物館』と題した車両見学ツアーは、まさに青空の下、車両の間近まで接近できる、またとない機会となった。❸津軽鉄道ナハフ1202は、元は1928年に製造された西武鉄道の電車・クハ1155で、1965年に客車として導入された。❹津軽鉄道ワム1形は、1929年に日本車輌東京支店で6両が製造され、このうちワム5が津軽五所川原駅で石炭保管庫として利用されている。❺普段は立ち入ることのできない津軽五所川原駅構内で思う存分に撮影ができるとあって、訪れた愛好家たちのボルテージは最高潮に達していた。❻80周年イベントでは、旧型客車2両にタンク車を併結した混合列車の再現が行われ、「古いだけの車両」にしか出せない魅力が存分に発揮された。❼津軽鉄道では、沿線の諸団体と連携して、さらなるファン獲得で地域の活性化に取り組んでいくといい、その前途が期待される。

津軽鉄道キハ22027

津軽鉄道キハ22027は、元JR東日本キハ22 156で、1962年に富士重工業で製造された。当初は山形区に配置され、1986年には秋田内陸縦貫鉄道の開業に合わせて国鉄から貸し出しされ、主に北線で活躍した。1988年にいったんJR東日本に返却され、1989年に津軽鉄道へ譲渡された。自社発注のキハ24000形の続き番号としてキハ22027に改番されたが、すでに除籍となっている。

が初めてお手伝いをした80周年の記念イベントに、彼の姿はなかった。岸君は、２００８年６月14日に発生した岩手・宮城内陸地震で土石流に巻き込まれ、35歳の若さでこの世を去った。岸君からは、70周年の記念イベントの発案の時点から声を掛けて貰っていたが、当時の私はまだ駆け出しの医師で、勤めていた関西の病院が忙しく、津軽鉄道まで足を運ぶことは叶わなかった。岸君が亡くなって早15年が経過するが、岸君が持っていた突破力、持久力、懐の大きさ、緻密さ、ユーモア精神、そして常に無私だった姿勢、そのどれを取っても、年月を経れば経るほど、敵わないことばかりだと再認識する。

これからの１００年を見据えて

津軽鉄道では、「１００年後も津軽鉄道と地域の元気な未来を創っていく」ことを目的として、沿線の自治体や団体、企業などと連携して、「津鉄と地域１００年プロジェクト実行委員会」を立ち上げた。「今までにはない発想で新しい価値づくりに取り組み、新たなファン層の獲得に繋げることで、地域の経済と暮らしの活性化に貢献」が掲げられている。地域の方々の、地に足のついた取り組みに、天国の岸君もきっと喜んでいるに違いない（写真❼）。

二　整備現場の「裏」　上信電鉄・車両検修場（群馬県）

❶上信電鉄本社と車両検修場で開催されたフェア。この日は1924年にドイツで造られた「デキ３号」の運転席の公開も行われた。

保守用車の運転席見学会の行列に並ぶ

群馬県の上信電鉄の本社と車両検修場で、「頑張るぐんまの中小私鉄フェア」が開催されることが告知されたので、これを好機として馳せ参じることにした（写真❶）。開場の1時間前に現地に到着したが、すでに行列ができており、午前10時の開場時点では、最後尾が見えないほどになっていた。

昨今は「コンプライアンス」が厳しく言われるようになったこともあって、一昔前と比べてずいぶんと車両基地にアプローチするハードルが上がってしまった。考えてみれば、車両基地という場所は、高圧ガス、高圧電流、有機溶剤など、触れて貰っては困るハイリスクなものが山積しており、さらには高所からの落下物のリスク、なにより も足下に錯綜するレールでの転倒のリスクもあって、まさにリスクのオンパレードである。そんな場所に部外者を招き入れたくないのは当然と言えば当然である。そんな車両基地にあって、部外者に広く門戸を開いて招き入れて下さる一般公開の機会は実に貴重だ。最近は事前申込制が導入されたり、有料化されたりするところも増えたが、それでも堂々と車両基地に入場できる機会が提供されることを素直に喜びたい。

いよいよ入口に渡されていたロープが解かれ、開場の時を迎えた。待ちかねた来場者が、奥へ奥へと急ぎ足で進んだ。先頭付近に並んだ方々のお目当ては鉄道用品の即売で、この日は駅名標やワンマン表示板などに人気が集まっていた。

私のお目当てはというと、そのさらに奥にある「車両検修場」だった（写真❷）。ここは車両基地の本丸とでも言うべき場所で、車両の検査や修理などが行われており、冒頭で述べたまさに〝ハイリスクの牙城〟ということになる。この日のフェアでは、この車両検修場で保守用車の運転席見学会が開催されており、たちまち長い行列ができた。一組ずつの案内だったので、列が進むのはゆっくりであったが、そのおかげで外観をじっくりと観察することができた。この保守用車は、鉄友工業で製造された「GT200-1A形」で、20トンクラスの軌道モーターカーとなっている。動画サイトでも構内で入換に励む姿がいくつも投稿されており、グリーン系のカラーリングとも相まって人気を集めている。

外観で一番目立つのが移動式クレーンで、きっと枕木の積み下ろしなどで活用される機会も多いのだろうと予想して、列に並んでいる最中に、係の方に尋ねてみたが、実際にはそれほどの出番はないとのことだった（写真❸）。近くで見上げていると、かなり大きく感じたので、果たしてこの大きさで転回に使うジャッキは備えているのだろうかと、子供のように屈んで床下を覗いてみると、中央付近にそれらしき機構が見えた（写真❹）。先ほどの係の方に再び尋ねてみると、やはりジャッキを装備しているとのことで、こちらは移動式クレーンと違って出番は多いのだそうだ。そもそもモーターカーに装備されている連結器の形状が前後で異なるため、連結する車両の種類によっ

上信電鉄「デキ3号」

デキ3号は、1924年に上信電気鉄道が電化・改軌した際、ドイツから輸入した3両の電気機関車のうちの1両。全長9.18メートルの小型機で、凸型のスッキリとしたデザインにまとめられている。2017年以降は留置状態が続いていたが、2021年から全面的な整備が進められ、2022年にお披露目された。

ては、転回させて合致させることが必須なのだと教えて下さった。このフェアの1週間前には、JR東日本のほうでもフェスタが開催され、上信電鉄の電気機関車「デキ3号」が貸し出されたが、その際の上信電鉄における入換にも、このモーターカーが活躍したばかりだそうだ。

ようやく順番が回ってきて、ヘルメットを装着して運転席に入ったが、意外と車内が広いことに驚いた。外観でも運転席部分が外側に張り出している印象だったが、中から見てみるとそれ以上に広く感じられた。機器類も近代的で、運転席にも座らせて貰ったが、運転台の中央ではモニター画面が存在感を放ち、私のイメージにあったようなスイッチ類はかなり少なかった（写真❺）。ちなみにこのモーターカーの製造は1999年とのことであったから、製造からすでに20年以上経っており、単に私の抱いているイメージが古すぎただけのようだ。

❷本丸とも言うべき車両検修場では、普段は裏方の「GT200-1A形」の運転室見学も開催され、長い行列ができていた。❸とりわけ目を引くのが移動式クレーンだったが、意外にも現場での使用頻度はそれほど高くないらしかった。❹床下を覗き込むと、ジャッキらしき機構が見えた。現場での転回にも活用されているとのことだった。❺軌道モーターカーの運転機器は、もっとプリミティブなものを想像していたが、意外に近代的で驚いた。

鉄友工業「GT200-1A形」

「GT200-1A形」は、鉄道保線機械器具の製造・販売などを主に手掛けている鉄友工業が製造した20トンの軌道モーターカーで、上信電鉄に在籍しているのは1999年2月製、製造番号は1001。当初は埼玉高速鉄道・浦和美園車両基地に配属され、同基地でのイベントの際にも運転席公開が人気を集めた。上信電鉄への移籍後は入換などを中心に活躍している。

こんな機会だから、隅々まで見ておきたい！

一般公開では、このような機会でなければ味わえない催事を丹念にたどっていくことも楽しみのひとつで、保守用車の運転席見学会に続いて、パンタグラフの昇降体験、模擬運転台操作実演、使用済みヘッドマーク展示などを巡った。さらに興味を持って見て歩いたのが、現場で日常的に使われている設備類だった。入庫している電車のさらに上を見上げると、ちょうど電車の屋根の端に位置する辺りの、2本の平行するバーが目に入った。係の方にお尋ねすると、これは墜落防止と、安全帯のフックを掛ける場所の両方の意味があるとのことだった（写真❻）。車庫の「裏」巡礼で必ずチェックする工具類も、やはり整然と配置されていた。もっとも、工具類が乱雑に置かれていた例など、一度も見たことがないのだが。

車両検修場の内部で特に印象的だったのが事務所で、重厚で風格を感じさせる木製の扉が、この鉄道の歴史の長さを物語っていた（写真❼）。

車両検修場を満喫して外に出ると、その前に郵便トラックの荷箱部分が置かれ、実に好ましい雰囲気を醸し出していた。これはきっとゴミ箱に違いないと直感したが、勝手にそう断じるわけにもいかず、中をそっと覗いてみると、さまざまな不用品らしきパーツ類が積まれ、その上にはホコリまみれの電車用の扇風機が3つ載せられていた。隣で行われている鉄道用品の即売会場に出品すれば、たちまち人気を集めそうに思えたが、それ以上は考えないことにした（写真❽）。

私がこのフェアに足を運んだのには、もうひとつの理由があった。それは軌道自転車の体験乗車が行われることが告知されていたからだった（写真❾）。

各地の廃線跡では軌道自転車やレールバイクが登場してブームとなっており、私も全国を訪ね歩いて一冊の本にまとめたのだが（『走れトロッコ！輝け！錆レール』＝イカロス出版刊）、ここの軌道自転車にどうしても乗っておきたかった理由が、ゴムタイヤのレールバイクではなく、昔ながらの鉄の車輪の軌道自転車だったからだ。ここでも順

❻天井から下がっているこの平行する2本のバーは、墜落防止と安全帯のフックを掛ける場所の両方の意味で取り付けられているという。❼車両検修場の内部で見かけた重厚な扉。「閉じる時は手を添えて静かに。」と書かれていたので、どれほどの音がするのか聞いてみたい気がした。❽郵便トラックの荷箱部分が置かれ、その中には古めかしいパーツ類がいろいろと収められていた。なかでも、ホコリまみれの電車用の扇風機が目に留まった。

❾もうひとつのお目当てが軌道自転車で、流行のゴムタイヤタイプではなく、昔ながらの鉄の車輪のタイプで、その乗り心地は極上であった。❿帰りの高崎線の車内から撮影した鉄製有蓋車のテム1形。周囲の視線を感じながらシャッターを切ったが、ピントが全然合っていなかった。

番待ちの列は長くなっていたが、並んでも乗る価値は十分にあると感じた。順番が来て、ヘルメットを装着してペダルを漕ぎ始めると、スーッとレールの上を滑るように走り始め、レールのつなぎ目では「ガッタン」と衝撃が来た。これこそが鉄の車輪の味わいだ。構内の端から端までは、短そうに思えたが、実際に走ってみると意外と距離があり、その爽快感には思わず表情が緩んでしまった。もちろん帰りには、一列に並べられた電車や機関車の写真もしっかりとカメラに収めた。

この日の「裏」巡礼の仕上げは、帰りの車窓から見える鉄製有蓋車の「テム1形」だった。上信電鉄沿線から発送されていた袋詰めの生石灰の輸送に使われ、デキ1形に牽引されて活躍していたのだが、さすがに現在ではそうした輸送には使用されておらず、車籍のみを残して留置されているのだという。他の乗客の視線を気にしつつ、走行中の高崎線の電車の中からテム1形にカメラを向け、シャッター音を響かせながら撮影を行った。そんな想いをして撮った1枚だったのだが、ピントがブレまくりでガッカリだった（写真⑩）。

上信電鉄「テム１形」

上信電鉄テム１形は、1961年に富士重工業で10両が製造された鉄製有蓋車である。国鉄テム300形の同形車で、沿線から発送される袋詰めの生石灰の輸送に使われていた。国鉄直通車としての認可も受けていたため、車号の下には二重線が引かれている。10両のうち８両は廃車となったが、テム１とテム６は休車の扱いで車籍を残している。

三　引退車両の「裏」

秩父鉄道・広瀬川原車両基地（埼玉県）

約40年前に引退した貨車群がいまも見られる

書類上ではとっくに廃車手続きが完了し、車両配置表などのリストからは消え去っているのに、現在でも姿形は留めているという、「裏」の車両群を見て歩くことは、「裏」巡礼で楽しみなことのひとつだ。中でも秩父鉄道の広瀬川原車両基地には、約40年も前に引退したはずの貨車や、旧国鉄時代に造ら

❶フェスタで展示されたデキ501、201、105号。このほか基地内では、はるか前に引退した車両たちが今も姿形を留めていた。

❷旧国鉄時代に製造されたオハ12 363は、2000年に部品取り用として譲り受けたようで、車体も荒れ放題になっている。❸引退から約40年が経過した廃貨車がいまもレール上にズラリと並ぶ、これが広瀬川原車両基地で一番魅力的な光景だ。❹袋詰めセメントの輸送などで活躍したスム4044は、救援車に改造されたが、現状では本線を走行することは無理そうに見えた。❺通路から良く見える位置に留置されたテキ109は豪快に錆びており、一般来場者も思わず目を向けていた。❻東京都交通局の6000形は、秩父鉄道5000系として活躍しているが、現役車に部品を提供したのか、ヘッドライトがもぎ取られた車両も存在した。❼この日一番撮影に熱中したのが旧日本陸軍の97式軽貨車で、車軸にはスペーサーが取り付けられているのも確認できた。❽ワキ800形が留置されたすぐ隣では、ディーゼル機関車の運転席乗車体験が行われ、両者が並ぶシーンは全盛期を彷彿とさせた。❾構内で行われたATカートの乗車体験は小学生限定で、それ以外の大人は羨望の眼差しを送るしかなかった。❿熊谷駅までの臨時直通列車がイベント限定で運転され、広瀬川原車両基地からステップで電車に乗り込むという貴重な体験ができた。

れたボロボロの客車などがあちこちに停まっており、群を抜く面白さとなっている。特に広瀬川原車両基地の場合は、定期的に開催される「わくわく鉄道フェスタ」で一般公開が行われるため、大手を振ってそれらを見て歩くことができる点が有り難い。

2023年には、広瀬川原車両基地では4年ぶりとなるフェスタが開催され、私も久々に車両基地を訪れた（写真❶）。「裏」の車両群も変わることなく健在で、旧国鉄時代に造られ、2000年に高崎から搬入されたオハ12 363も、盛大に錆びたままの姿で残されていた（写真❷）。SLパレオエクスプレスに使われている客車に部品を提供するために購入されたと言われており、将来にわたって営業運転に就く可能性はほとんどなく、このまま「裏」の車両として生涯を全うすることになりそうだ。

車両基地のあちこちに停まっている

のが、スム４０００形やワキ８００形、テキ１００形など、袋詰めセメントの輸送で主に活躍した貨車群で、バラ積みが可能なタンク車やホッパ車の登場によって、１９８４年までにこれらの貨車群の大半が引退となった。それから約40年を経た現在になってもなお、これだけの貨車群が見られることは凄いことだ（写真❸）。当日見かけたスム４０４４には救援車の文字が入っており、１９８４年時点での廃車を逃れた貨車のうちの1両だ（写真❹）。その隣にはこれまた豪快に錆びているテキ１０９が、通路から一番良く見える位置に置かれており、「裏」の車両になど興味のない来場者でさえも、思わず目を留めてしまうほどのインパクトだった（写真❺）。ほかにも部品供給用に姿を留めるデキ１０１形や、ヘッドライトがもぎ取られた状態の元東京都交通局６０００形の姿も見られた（写真❻）。

ほかにも魅惑の車両が多数

この日、広瀬川原車両基地を見て歩いた中で、もっとも撮影に時間を費やしたのが、旧日本陸軍の97式軽貨車だった（写真❼）。前回も広瀬川原車両基地を訪れた時には撮影していたが、今回も変わらずその姿を留めていたことに安堵しながらシャッターを切った。私がずっと写真を撮っていると、隣でも同じぐらいの時間をかけて熱心に撮影をしている人がおり、97式軽貨車の価値を一緒に賞賛しているようで感慨深いものがあった。

ディーゼル機関車の運転席乗車体験では、留め置かれたワキ８００形のすぐ横の線路を機関車が往復するシーンが展開し、貨物輸送で有蓋車が全盛だった頃を彷彿とさせた（写真❽）。小学生限定で行われたＡＴカートの乗車体験では、体験者たちの笑顔がなにより印象に残ったが、終端で大人２人が軽々と方向転換を行う姿にも目が釘付けとなり、このカートは廃線跡での乗車体験などにとても有望なアイテムとなることを実感、その後もその走行シーンに熱い視線を送り続けた（写真❾）。

帰りには、広瀬川原車両基地から熊谷駅へと直通する臨時列車に乗車した。常設のホームなどはないため、ステップを使っての乗降という貴重な体験をすることができた（写真❿）。イベント

秩父鉄道スム4000形貨車

秩父鉄道スム4000形貨車は、1963年に日本車輌製造で50両が製造された15トン積の二軸有蓋車で、車体側面が鉄製であることから車両記号は「ワ」ではなく「ス」となっていた。本文で述べた通り、バラ積みが可能なタンク車やホッパ車の登場に伴って営業運転から退いた。スム4044とスム4047の2両が救援車となったほか、スム4023が秩父鉄道車両公園に展示されていたが、同園の閉園により現在は解体されている。

の際にしか走らないレアな臨時列車とあって、車内はラッシュアワーなみの超満員で、通常の営業列車では体験することのできない側線から本線へと進入していく貴重なシーンを、大勢の乗客と一緒に楽しむことができた。

四 増収作戦の「裏」 銚子電鉄・仲ノ町車庫（千葉県）

〝電車修理代を稼がなくちゃ、いけないいんです〟

全国の地方私鉄でも、駅の入場券を購入すれば車両基地の見学ができるというところはあまり聞かないが、千葉県の銚子電鉄では、仲ノ町駅で入場券を購入すると、これで正規の手続きとして車庫の見学が許可される。これまで何度も銚子電鉄を訪れてはいたが、そのルールを知ったのは最近のことで、さっそく仲ノ町車庫を目指して出かけることにした。

銚子電鉄では次々とユニークな増収作戦が繰り出されてきたことで有名で、とりわけ、ぬれ煎餅の知名度は、〝電車修理代を稼がなくちゃ、いけないいんです〟のフレーズとともに、すっかり全国区となっている（写真❶）。〝マズいです！経営状況が…〟のフレーズで売り出された「まずい棒」も、売り行きは好調とのことだ。駅の入場券を買えば車庫の見学が可能というのも、増収作戦の一環といったところであろうか。

❶銚子電鉄をすっかり有名にしているのが稼ぎ頭のぬれ煎餅。背後に停まっているのは、イラストのモデルとなったデハ2002。

JR総武本線で銚子駅に到着したが、その時間には銚子電鉄の接続がなかったので、改札を出て、仲ノ町駅まで歩くことにした。その先で警報器が鳴り始めたので、何が来るのだろうと眺めていると、何と銚子駅のほうから銚子電鉄の電車が走ってくるではないか（写真❷）。時刻表を見誤ったのかと思ったが、時刻表を再度確認してみても、そんな電車は載っていない。どうやら仲ノ町車庫に入庫する回送電車だったようだ。銚子駅から仲ノ町駅までは、わずかに0・5㎞。わざわざ乗る人はあまりいないかもしれないが、ただ回送するだけならば、これを営業電車に仕立ててしまえば、日本最短クラスの区間運転になるのではないかと思った。

ちなみに現在の最短クラスの区間運転

は、名古屋市営地下鉄上飯田線の上飯田駅と平安通駅との間の0・8kmであるという。

いよいよ入場券を購入して車庫の中を闊歩

仲ノ町駅を正面から見ると、その佇まいは実に魅力的だった。この駅舎は、1913年に開業した、前身の銚子遊覧鉄道の時代から使われているもので、右側に連なる建物は銚子電鉄の本社なのだった（写真❸）。さっそく窓口で入場券を買い求め、車庫を見学したい旨を申し出て、許可を得てからホーム端へと歩いた。

最初に目に入ったのは、仲ノ町車庫のマスコット、デキ3であった（写真❹）。1922年にドイツのアルゲマイネ社で製造された電気機関車で、全長はわずか4・5mと、国内に現存する1067mm軌間用の電気機関車の中で最小となっている。驚くべきは現在も車籍を有して動態保存がなされていることで、構内での試運転風景を撮影した動画もアップされている。電気機関車を小さくしようと思えば、ここまで小さくできるということに改めて驚きを感じた。さらにその後ろには、東京メトロ丸ノ内線のカラーをまとったデハ1002が控えていた。元は銀座線で活躍し、晩年には丸ノ内線方南町支線でも活躍したことから、このカラーに塗り替えられた。2015年にさよなら運転を行って引退しているが、運転体験用の車両とする計画があったため、そのまま存置されてきた。

❷警報器が鳴り始めたので待っていると、時刻表には載っていない電車がやってきた。後方に見えているのはJR銚子駅に停車中の209系。❸前身の銚子遊覧鉄道時代から使われている、年季の入った仲ノ町駅の駅舎。この右側に銚子電鉄の本社がある。❹全長わずか4.5m、1922年にドイツで造られたデキ3は、現在でも構内走行が可能な状態で維持されている。❺仲ノ町車庫の一番奥まで到達すると、「車庫見学記念」の看板が現れるが、これより先は進入禁止であるので、見学はここで終了である。❻ザル一杯に入った古犬釘を見ていると、市場でハマグリを売っている光景と重なって見えてしまった。❼ほかにも増収策はないか、と見て回っているうちに沿線の狭小土地を花壇として貸し出せば、収入と沿線美化の一石二鳥などと妄想したりした。

さて、正規の手続きとして入場券も購入し、堂々と車庫の中を歩かせて頂いたのだが、車庫そのものはとても小規模で、通路を少し進んだところで「車庫見学記念」の看板が現れると、その下には「これより先進入禁止」と明示されており、これでもう見学は終わりである（写真❺）。

デキ3を間近で見られただけでも十分に価値があったが、せっかくならば、何か増収作戦の足しになるようなものはないかと「裏」巡礼を続けた。すると、今後も使われる見込みの無さそうな古い踏切の警報灯や、「踏切注意」の標識、さらにはカゴに盛られた古い碍子や犬釘など、いろいろと商品になりそうなものを発見した（写真❻）。銚子電鉄で実際に使われた由緒正しきパーツたちであるから、鑑定書を添えてパッケージするだけで、立派な売り物に変身するのではないかと思った。

ほかにも何か足しになるようなものはないかと考えながら歩いたが、車庫の外れの踏切まで来て、線路に沿った細長い土地に目が留まった（写真❼）。もちろん家を建てることはできないが、この土地を花壇専用として貸し出せば、借りた人は精魂込めて育てた花を乗客たちに見て貰うことができる。銚子電鉄にとっても、それが沿線の各所に広がっていけば、沿線の観光資源となり、増収に結び付いていくかもしれない。そんな勝手な夢想をしつつ、まずは現実的な増収作戦に貢献しようと、銚子電鉄の本社で「まずい棒」を購入してから銚子行きの電車に乗り込んだ。

銚子電気鉄道

1923年に銚子鉄道株式会社として、銚子駅〜外川駅間の6.4㎞で開業、1948年に現在の社名である銚子電気鉄道となった。路線が短距離で、並行する路線バスの影響などもあって経営が困難な状況が続いたうえに、2003年には刑事的なトラブルも発生するなど、度重なる経営危機に直面してきた。しかし、ぬれ煎餅の製造販売など鉄道以外の収入や、公的資金、サポーターからの支援などにより存続している。ちなみに年間売上高の約8割は鉄道以外が占めている。

五 車両保管の「裏」　江ノ島電鉄・極楽寺検車区（神奈川県）

営業には使用しない電車が眠る車庫？

江ノ島電鉄の極楽寺検車区には、良く知られている車庫の「裏」に、さらに別の細長い車庫が存在している。

〝江ノ電〟の沿線は、各種番組のロケ地としても選ばれるなど風光明媚な場所が多いが、傾斜地や海岸に沿って走る区間も多く、平坦地でも住宅が建て

❶鎌倉市の特認を受けて「第一種低層住居専用地域」の中で稼働している極楽寺検車区。用地を無駄なく有効に活用している。

込んでいる中をかき分けるように走り抜けていく区間が多い。そのような環境にあるので、極楽寺検車区も手狭で、稲村ヶ崎駅〜極楽寺駅間の本線に沿った限られた敷地に、検修庫や工場などの建物や設備がぎゅっと詰め込まれている感じだった(写真❶)。しかも、この辺りは「第一種低層住居専用地域」という、工場の設置が規制されているエリアに該当し、鎌倉市の特認を受けてようやく稼働ができているという、なかなかのシビアさであった。

そんな検車区の建物群であるが、検修庫の脇をすり抜けていく1本のレールがあり、そのレールの終端には、細長い「裏」の車庫が存在していた(写真❷)。中に何が格納されているのかというと、すでに引退した「100形電車108号」なのであった(写真❸)。これだけ施設が狭隘な中で、すでに廃車となって営業には使用しない電車を、今日まで40年以上にもわたって大切に残されていることは驚きに値する。もちろんそれには理由があって、108号は、1931年から1980年までの長きにわたって在籍し、江ノ電にとっては〝社宝〟とも言える、かけがえのない存在だからである。

100形として最後まで残ったのは107号と108号の2両で、「タンコロ」の愛称で親しまれていたが、1980年12月21日から28日にかけて「さよなら運転」が行われ、惜しまれながら営業運転を退いた。107号のほうは、鎌倉市の手により、市内由比ヶ浜の鎌倉海浜公園で静態保存が行われており、ここからも地元愛が伝わってくる(写真❹)。

108号の晴れ姿を謁見する

108号のほうは、引き続き江ノ電の手元に残されたわけだが、開通85周年を迎えた1987年には全面的な修

江ノ島電気鉄道100形

江ノ島電気鉄道(現・江ノ島電鉄)100形電車は、1929年から1931年にかけて新造された10両と、他社からの移籍により導入された9両の総称で、導入時期と前所有者などの違いで細かく形式が分けられている。このうち108号は、関東大震災後の1931年に新潟鉄工所で新造された5両のうちの1両で、当初はトロリーポールによる集電だったが、1964年にZパンタに改造され、107号とともに1980年まで活躍した。

復が行われ、自走が可能な状態にまで再整備された（写真❺）。普段は前述の「裏」の車庫のほうに格納されているが、毎年開催されている「タンコロまつり」では、その主役として検修庫の前へと進み出て、来場者の熱視線を一身に浴びることになる（写真❻）。近年の「タンコロまつり」では、一般公開に先駆けて、「事前撮影会」も開催され、人の写り込みがない状態で１０８号を思う存分撮影できるという、愛好家に配慮したイベントも組まれている。私もそのイベントに参加させて頂いて、１０８号の晴れ姿を有り難く撮影させて貰った。事前撮影会の後に始まった一般公開では、ちびっこ制服撮影会、ミニ江ノ電乗車会、車掌さんパンチ体験、踏切検査体験、非常脱出ハシゴ体験、鉄道部品販売など、持てる資材をフル活用したイベントが準備され、職員の心意気が伝わってきた（写真❼）。１０８号はイベント以外でも動く姿を披露したことがあり、２０１５年5月23日に放送されたＮＨＫ総合の人気番組「ブラタモリ」では、タモリさんが構内で乗車を体験するシーンが登場した。

一見、ひっそりと佇んでいるように見えた「裏」の車庫だったが、実は多くの方々の想いを受け続けている１０８号をしっかりと守るための、重要な場所であったわけだ。ただ、前述の通りで、施設全体としてはタイトな状況にあるので、１０８号だけの独占使用というわけにはいかず、施設区電務班の作業用車両や、ストック部品の保管場所としても使われているという。

❷極楽寺検車区のさらに裏には、本線に沿って細長い別の車庫が存在している。普段はこの中に108号が秘蔵されている。❸108号は、毎年恒例となっている「タンコロまつり」など、イベントの際には車庫から出されて展示される。❹由比ヶ浜付近の鎌倉海浜公園に静態保存されている107号車。江ノ島電鉄で108号とともに最後まで単行運転用として活躍した。❺1987年に開通85周年を記念して全面的な修復が行われ、通電と自走が可能な状態にまで再整備されている。❻イベントの際には108号は来場者の熱い視線を一身に浴びる。前面サボも「江ノ島」、「藤澤」と適宜変えて下さる配慮がまた心憎かった。❼子供たちには、約1／10のサイズで造られてイベント会場を走る「ミニ江ノ電」が絶大な人気を誇っていた。

六 保守用車の「裏」 福井鉄道・北府車両工場（福井県）

ずっと謎がひっかかっていた車両工場の「裏」の保守用車

ずっと謎であった保守用車が存在したのが、福井鉄道の北府車両工場であった（写真❶）。初めて訪れたのは、今から30年以上も前のことであるが、この頃から「裏」としての面白さをすでに秘めていた。標記もかすれた無蓋車の「トム13」（写真❷）や、ボロボロの有蓋車の「ワム53」などが、いつから動いていないのかわからないぐらいに、長らくじっと留まっていた。その中でも、特に気になっていたのが、謎の保守用車だった（写真❸）。工場の「裏」にあった保守用車は、２つの台車の上に平台枠の荷匡を載せた構造で、それは本書の第１章でもご紹介した旧日本陸軍鉄道聯隊の97式軽貨車にそっくりで、台車もどこか似た雰囲気を持っていた。当時、同じ福井県内を走る、京福電鉄（現・えちぜん鉄道）の福井口駅でも、97式軽貨車と、さらに古い91式軽貨車が現存しているのを発見し、新聞でも報じられて話題となった。その直後でもあり、何か関連があるのではないかと興味を持った（写真❹）。ただ、細部まで観察してゆくと、いくつかの点で異なっており、その素性を探るべく、国会図書館などにも足を運んで、資料に当たってみたが、結局は特定するには至らず、そのままになっていた。

　あれから30年が経過し、当時でもすでにボロボロになっていたトム13やワム53の姿はすでになく、２００６年に

❶福井鉄道の北府駅構内に存在する木造検車庫は、福武電気鉄道が設立された1921年の建築で、国の登録有形文化財となっている。

❷トム13は30年前の当時でも、アオリ戸の木部がすでに腐朽するなどボロボロの状態だったが、2006年に解体された。
❸これが謎の保守用車で、30年前と変わらない姿を保っていた。2つの台車に荷匡を渡した形となっている。

戦時、大陸で活躍　今なお現役
旧陸軍の軽貨車発見
福井の京福車庫
国内唯一「91式」
マニアに話題、見学続々
鉄道の魅力ひと目

❹1995年に当時の京福電鉄福井口駅で発見した91式軽貨車の話題を伝える福井新聞の記事。

解体されたとのことだった。しかし、驚いたことに、謎の保守用車はその姿を留めていた。

謎に包まれた保守用車を詳細に観察

この保守用車のどこが謎なのかと言えば、台車がリベットで組まれていて、かなり古い年代の製造であることは明白なのに、当時ではまだ珍しいはずのボールベアリングが採用されていることだった（写真❺）。戦前に旧日本陸軍鉄道聯隊で制式採用された91式軽貨車でさえ、ボールベアリングの採用がかなり画期的であったようで、各種文献でもそのことが強調されるほどだった。91式軽貨車は、設計の着手が１９２８年で、試作車の完成が１９２９年であったが、謎の保守用車のほうは、91式軽貨車と比べても、設計思想がさらに原始的であるように見えた。例えば、91式軽貨車で採用されていたような、軽量化に配慮された構造は見られず、複数の軌間に対応するような構造も見られなかった（写真❻）。直感的には、91式軽貨車よりも、製作時期がもっと前だった可能性が考えられた。なにより、軍用車両でさえ珍しかったボールベアリングを、果たして民間の保守用車が簡単に採用できたのかという点が謎のままで残った。本当に民間の発注により造られた保守用車であったならば、かなり贅沢な造りだったことになる。あるいは、元は軍用車両として造られて、のちに民間に払い下げられたものであった可能性はないのか、そのあたりの謎は、結局は解明されないままになっていた。

謎の保守用車の現存を確認したことで、久々にネットで検索してみたが、この30年の間に保守用車について言及したサイトなどには行き当らなかった。そこで、思い切って軽便鉄道の第一人者である岡本憲之さんに、この謎の保守

❺台枠はリベットによる組み立てであるが、車軸にはボールベアリングが採り入れられている様子が見て取れる。❻一見すると、旧日本陸軍鉄道聯隊の91式や97式軽貨車と似た雰囲気を持つが、軽量化や改軌対応の構造を持たない点で異なっている。❼北府車両工場の裏にはガソリンカー用のものと思われる菱枠形の仮台車が並んでいる。サハ20形が履いていたものとの推定もある。

用車の鑑定をお願いしてみることにした。岡本さんから、この方面に詳しい方々にも照会をかけて下さった結果、長澤泰晶さんと新芝ミコフさんからの鑑定結果をご教示頂くに至った。正確性を重視して、本頁で原文をご紹介する。

長澤さんと新芝さんのご教示によって、謎の保守用車は、軍用の軽貨車を転用したものなどではなく、純粋に保線用として製造された「鉄製トロ」であろうということで落ち着いた。むしろ、

長澤泰晶さんと新芝ミコフさんの鑑定結果

福井鉄道のトロの写真を拝見いたしました。

現車の写真から、台枠が狭いことや車軸が改軌対応ではないこと、端梁や軸箱守の形状から、まずこれは九一式や九七式とは関連のない車両であると考えます。

次にこの車両が九一式や九七式の派生形式である可能性も考えましたが、以下の理由から、これは純粋な保線用の「鉄製トロ」のひとつであると判断します。

はじめに、鉄製トロ自体は明治・大正時代から存在しており、一般的な木製トロでは対応できない重量物運搬、例えば架橋工事などに使われていました。したがって、先に保線用の鉄製トロが存在し、それを基にして九一式や九七式が出現したという推測ができます。実際、「九一式や九七式は既存の鉄道用軽貨車を参考に製作された」とする文献(*)があります。

続いて、軸受については1931年の時点で鉄道省がモーターカーの仕様書にて走り装置へのボールベアリングの使用を指定しています。さらに、1919年から1923年までに行われた因美線建設における架橋工事の写真の中に4軸の鉄製トロらしきものが写っています。

軸受部の様子から明らかにローラーベアリングないしボールベアリングが使用されているものと考えます。

鉄製トロの用途を考えた時、人力で押すとかモーターカーで牽引するなどして動かしますから、出発抵抗はなるだけ小さくしたいという動機があります。保守用車の類は普通の鉄道車両とは異なり必ずしも高速性能は必要ありませんから、さほど高品質なローラーベアリングないしボールベアリングを使用する動機もありません。

したがって、鉄製トロのみならず保守用車全般について、かなり古い時代からローラーベアリングないしボールベアリングが普及していたのではないでしょうか。

*)高橋昇『軍用自動車入門』光人社NF文庫(2000年)

福井鉄道鯖浦線サハ20形

福井鉄道鯖浦線のサハ20形は、21と22の2両が在籍した全長10.7mの小型付随車で、1967年に名古屋鉄道で廃車となった制御車のク2060形2066と2069を譲り受けて改造した。名古屋鉄道ク2060形は、その前身である名岐鉄道が、1931年に日本車輛製造で10両を新製したガソリンカーを出自としており、付随車への改造を経て、戦後に制御車へと改造された。

軍用の軽貨車の手本となった側であった可能性も考えられるという点では、ロマンが広がった。相当に古いものであることは確かなようであるので、これからも在り続けて欲しいと願った。

ところで、北府車両工場の「裏」には、実はまだもうひとつの謎が残されている。それは仮台車として存置されている古い台車群なのであるが、戦前のガソリンカーなどが履いていた菱枠形である点だ。福井鉄道では、鯖浦線で使われていたサハ20形が、元は１９３１年に製造されたガソリンカーだったことから、その廃車後に発生したものではないかと推定されている（写真❼）。そこまでの点では矛盾は生じていないのだが、サハ20形で在籍していたのは２両だけで、台車は全部で４つしかないはずなのであるが、北府車両工場にはなぜか同じタイプの台車が６つもある。あとの２つの出所は不明で、まだ全容の解明には至っていない。

七 公園収蔵の「裏」

静岡鉄道・長沼車庫（静岡県）

❶この木造の大柄な車庫は、旧日本海軍航空隊藤枝基地の格納庫だったとの説が有力になっている。

旧日本海軍の格納庫にいた〝ヌシ〟

静岡鉄道では、東海道本線と並行する形で、新静岡駅と新清水駅との間を結ぶ11・０㎞の静岡清水線を運営しており、長沼駅に近接して長沼車庫が設けられている。新車が次々と導入されて華やぐ車庫の奥に控えるのは、大柄で風格のある木造車庫である（写真❶）。この車庫の出自は旧日本陸軍遠江射場の大砲格納庫との説もあったが、旧日本海軍航空隊藤枝基地の格納庫であったとする説が有力となっており、その堂々たる外観は、歴史の重みからも来ているようだった。

お目当ての車両は車庫の「裏」に存在していたのだが、車庫の奥のほうにも関連のある車両が保管されていたので、先にこちらから紹介させて頂くことにしよう。その車両とは、１９２６年に製造された、電動有蓋車の「デワ１」である（写真❷）。車体は木造のままで、歴史的な車庫にも負けないだけの貫禄を感じさせた。近寄って観察してみると、塗り重ねられたペンキの痕跡を見ることができ、長年にわたって繰り返し手入れが行われてきたことを感じさせた（写真❸）。このデワ１の大きな見どころが「バッファー・リンク式連結器」で、この迫力ある連結器は明治の鉄道創業に際してイギリスから導入されたが、大正時代に自動連結器に交換されたため、リンク式連結器の実物は、もはや博物館でしかお目に掛からない貴重なものとなっている（写真❹）。現代の電車が装備している自動連結器とは全く互換性のないリンク式連結器を、なぜデワ1がいまも残しているかについては、このあと詳述する、車庫の「裏」のお目当ての車両と深い関わりがあった。

そのお目当ての車両が置かれていた場所は、イベントの時でも一般開放されないエリアだったため、いったん車庫から出て、ぐるっと回って踏切を渡り、ようやくアプローチすることができる位置だった。車庫から延びる引込線の一番奥まった位置に居たのが、お目当てであった無蓋車の「トコ1」と「トコ2」だった（写真❺）。1929年に製造された古い貨車で、製造当時は火力発電所で使用する石炭を清水港から運ぶ仕事で活躍し、晩年は線路に散布するバラストの輸送で活躍していた。ボディの各所にリベットを留める姿は、いかにも武骨で、戦前の貨車らしい佇まいを残していた。前述のデワ1がリンク式連結器を装備したままになっていることに関しては、連結する相棒であるトコ1とトコ2もリンク式連結器を装備していたからだった。後年にト

❷長沼車庫のヌシのような貫禄で鎮座していたのが、電動貨車のデワ1で、1926年に製造された。❸車体は木造のままで、近くで見てみると、塗り重ねられた塗料が地層のようになっており、そこからも歴史が感じられた。❹現在もリンク式連結器を装備した車両として国内でも稀有の存在となっている。

静岡鉄道

全国には、JR線とほぼ並行して走る、地域密着型の地方私鉄がいくつも存在するが、静岡鉄道もそのひとつ。現在は静岡清水線だけが営業中であるが、それ以前は静岡市内線や清水市内線、秋葉線、駿遠線など、100km近い路線網を誇っていた。1975年までにこれらの路線は廃止となっており、バス事業についても、2002年10月1日に子会社のしずてつジャストラインに分社化されている。

コ1とトコ2の連結相手がクモハ20に変わったため、片側を自動連結器に交換したが、それでも片側はリンク式連結器を残したままになっていた。

そのバラスト輸送の役目も、1997年頃に導入された保守用車に取って代わられ、それ以降はトコ2が長沼車庫の公開イベントの時にデワ1と連結して展示されたこともあったが、トコ1にはそうした出番もなく、2015年以降は2両とも車庫の裏に押し込まれたままになっていた(写真❻)。

すっかり忘れられたような存在となってしまったトコ1とトコ2のことを、時々は様子を見に訪れていたが、相変わらず同じ場所に居て、少しも動いた気配がなく、劣化ばかりが進んでいく様子には不安が募った。静岡鉄道では、次々と新型の電車を導入していたが、線路の容量に余裕はなく、そのたびに旧来の電車は姿を消していた。傷みが目立つようになってきたトコ1とトコ2についても、いつか悲しい結末を迎えてしまうのではないかとヒヤヒヤしながら見守っていた。

「トコ1」に千載一遇のチャンスが！

そんな時、群馬県中之条町では、無蓋車を集中的に収集して〝日本一〟を目指す取り組みが始められていた。発案者は私だったのだが、当時の町長が前向きに捉えて下さり、議会にも諮って下さったことで、単なる絵空事ではなく、リアリティのあるプランとして動き始めたのだ。詳しくはこのあとの章で述べるが、無蓋車に特化してコレクションを充実させようなどという機運は、この機会を逃せば再び訪れることがないことは確実で、トコ1とトコ2の状況を確認するため、すぐさま長沼車庫へと足を運んだ。2両の無事を自分の目で確かめたところで、現場から中之条町役場の担当の方に最新画像を送信して、取得に向けた前向きなご検討をお願いしたのだった。

トコ1とトコ2のことは、すぐに役場内で検討が行われ、さっそく静岡鉄道への照会が行われた。静岡鉄道サイドでも、自治体からの〝日本一の無蓋車公園を目指して収蔵をしたい〟というリクエストには、極めて好意的な対応がなされ、譲渡の話はスムーズにまとまった。2両の無蓋車のうち、譲渡が決まったのはトコ1のほうで、デビューから80年以上を過ごした静岡の地を離れることになった。トコ1は、長沼車庫で最後の撮影会が行われたのち、トラックに載せられて中之条町へと運ばれた。この話題は新聞やネットニュースでも各方面で採り上げられたが、搬送先が「群馬の山奥」と報じられたことで、別の意味でも注目を集めることとなった。

トコ1が無事に群馬県中之条町の旧太子駅に到着してからも、静岡とのご縁は続いた。清水鉄道遺産保存会の会長である青木渉さんをはじめとするメンバーの皆さんが、はるばる静岡から旧太子駅を訪れたのだ。実は搬送前から再塗装などの整備をボランティアで申し出ておられ、その際、晩年の「準保線車両」の姿ではなく、昭和初期〜戦前の「貨車」として貨物輸送に従事していた頃の表記である「ト20」として復元することを立案され、見事に美しい姿を取り戻すことに成功された（写真❼）。

それまで車庫の裏でエンドレスに昼寝をしていた頃が嘘のように、それからは旧太子駅を訪れた人々からカメラを向けられる日々が続いている。トコ1の整備に中心的な立場で尽力された青木さんは、「今後も継続的にトコ1の整備を行っていきたい」と抱負を語られた。トコ1は、さまざまな人の温かい想いを受けて、車庫の「裏」から表舞台へと大転身を遂げ、旧太子駅で〝日本一の無蓋車公園〟の貴重な展示車両のひとつとして今日も在り続けている。

❺長沼車庫の一番奥まった位置で長い間、留置状態が続いていたトコ1と2。次第に塗装が傷んでいく様子が心配されていた。❻1997年に東急電鉄から三転ダンプトロリー「DT463」が4両導入されたため、トコ1と2の保守用車としての使命は終了した。❼昭和初期〜戦前の「貨車」として貨物輸送に従事していた頃の表記である「ト20」とペイントされ、美しい姿に復元されたトコ1。

デワ1とリンク式連結器

デワ1の特徴は、随所に歴史が感じられ、まさに“レールに載った文化財”を思わせることだ。車体が木造であることに加えて、連結器が“リンク式”と呼ばれる、明治期から大正期に使われていたものが残っているからだ。このリンク式連結器のままでは、現代の電車が装備している自動連結器と繋ぐことはできないが、なぜこのリンク式のままで残っているかといえば、連結する相棒がこの連結器を装備した無蓋車だったからだった。2022年には静岡鉄道の社員有志によって再塗装が行われ、展示される機会も増えている。

車両基地の「裏」巡礼アルバム

1 旧小坂鉄道・機関車庫（秋田県）：ワフ300の廃車体で、2019年に再塗装が行われた。元は1924年製造の国鉄ワフ7500形。

2 東武鉄道・南栗橋車両管区（埼玉県）：SLの場内試運転用伴車として旧国鉄の車掌車「ヨ13785」がおり、イベント時に乗車体験用にも使用される。

3 京成電鉄・宗吾車両基地（千葉県）：ユニークな形状の保守用車は、遠隔制御車「RC2512」で、2020年に製造されたばかり。

4 アルピコ交通・新村車両所（長野県）：木造貨車の廃車体が見られるが、これは1923年に日本車輌で製造されたワ1とワ2のもの。

5 大井川鐵道　新金谷車両区／通称大代川側線（静岡県）：大代川側線の付近では、旧日本陸軍鉄道聯隊の97式軽貨車を見ることができた。

6 叡山電鉄・修学院車庫（京都府）：夜間の保守作業に活躍する無蓋電動貨車のデト1001だが、日中には車庫内で移動を目にすることもある。

7 京阪電気鉄道・寝屋川車庫（大阪府）：「まるたん」の愛称が付けられたマルチプルタイタンパーが、ファミリーレールフェアで公開された。

8 阪急電鉄・正雀工場（大阪府）：入換用のバッテリー動力車「BL1」と「BL2」がおり、レールウェイフェスティバルで時おり公開される。

9 若桜鉄道・若桜駅／木造車庫（鳥取県）：蒸気機関車「C12 167」のために造られた木造車庫には、元長野電鉄の無蓋車「ト6」も格納されている。

10 高松琴平電気鉄道・仏生山工場（香川県）：2軸貨車の台枠2両分を自社で接合した、超珍車の電動貨車「デカ形1」の姿を見ることができる。

11 平成筑豊鉄道・金田車両基地（福岡県）：2016年にクラウドファンディングにより搬入された旧留萠鉄道の「キハ2004」が保存されている。

12 熊本電気鉄道・北熊本車庫（熊本県）：松葉スポークを履く長物車「ナ1」が名物で、1923年の電化で導入されて以来100年を迎える。

第三章

鉄道施設の「裏」

一 駅の「裏」

閑散駅から、廃駅、秘境駅まで

究極の閑散駅を「裏」巡礼する

駅と一口に言っても、東京駅や大阪駅のような繁忙駅もあれば、1日に数本しか列車が停まらない閑散駅もあり、繁忙駅のほうを「表」と捉えるならば、閑散駅のほうを「裏」と呼んでも差し支えはないであろう。本書は「裏」がテーマであるので、ここでは閑散駅のほうにスポットを当て、近年になって急速に進んでいる閑散駅の増加や、その先にある廃駅という結末について、各地を「裏」巡礼しながら実態を振り返ってみたい。

閑散駅は全国に数多く存在しているが、その中でも1日1回しか列車が発車しないという、究極の超閑散駅が近年まで存在した。ご存知の方も多いであろう、北海道・札沼線の新十津川駅である（写真❶）。営業していた当時は、石狩当別方面からの列車の到着後、午前10時に折り返しで発車すると、その日の列車はそれですべて終わりであった。始発列車がそのまま最終列車でもあり、乗り遅れてしまうと、次の日まで列車はないという凄まじさだった。駅に隣接した大きな病院のホームページには、アクセスとして新十津川駅も紹介されていたが、仮に診察時間には間に合ったとしても、受診を終えたあとの列車は翌日までないわけで、とても日常的に利用できるダイヤではなかった。通学に使えるような時間帯でもなく、もはや列車を走らせている意義さえ見出せなかった。もし理由があったとすれば、それは〝鉄道としての使命が終わってしまっている〟ということを周知して、諦めて貰うためとしか考えられないほどだった。2016年からそのような状態が続いたが、さすがに2020年で終止符が打たれ、北海道医療大学駅から当駅までの区間は廃止となった。さかのぼれば、国鉄時代の清水港線の各駅も、旅客列車は1日1往復であったたし、近年では石北本線の上白滝駅（写真❷）や、JR東日本・山田線の浅岸駅（写真❸）も、1日に上下1本ずつしか列車の停まらない超閑散駅となっていたが、両駅とも2016年に廃駅となっている。

❶1日1本しか列車の発着がなかった新十津川駅も、2020年に廃駅となり、この駅舎も2021年7月に解体されて姿を消した。

廃駅がどんどん増えていく…

駅は、本来は利用者の多いところに設置されるのが前提であるが、それでも閑散駅が生まれ、最終的には廃駅となってしまうようなケースが頻発するのは、それだけ沿線環境が変わってしまったということだ。近年ではダイヤ改正のたびに北海道や東北を中心に廃駅が生まれており、２０２２年３月のダイヤ改正では、ＪＲ北海道管内では函館本線の池田園駅、流山温泉駅、銚子口駅、石谷駅、本石倉駅、花咲線の糸魚沢駅、宗谷本線の歌内駅、ＪＲ東日本管内では北上線の平石駅、矢美津駅の計９駅が廃駅となった。その前年の２０２１年３月のダイヤ改正では、ＪＲ北海道とＪＲ東日本で合わせて19駅が一挙に廃駅となっており、この２回のダイヤ改正だけで28もの廃駅が生まれたことになる。

廃駅が進んだ結果、北海道の石北本線などでは、上川駅の次の白滝駅までの駅間距離が、37・３㎞にもなってしまった。首都圏に当てはめれば、中央本線の新宿駅から八王子駅までが37・１㎞であるから、それと同じぐらいの距離に、ひとつも駅が存在しないという状態である。上川駅と白滝駅の間には、元々は天幕駅、中越駅、上越駅、奥白滝駅、上白滝駅があったのだが、すべてで旅客扱いが廃止された結果、上川駅を出た普通列車は、次の白滝駅までの約50分間、一度もドアを開けることがなくなった。中越駅などは、１９６５年には一日平均で１７０人超、年間で６万人超もの乗降客があったのだが、１９９２年の時点でそれがゼロになってしまったのであるから、過疎化の深刻さが窺い知れる（写真❹）。

閑散駅そのものは、実はずいぶん前から存在していた。しかし、〝廃駅〟というキーワードを持ち出すと、それまでは全く利用していなかった沿線住民から、「ないと困る」と急に反発の声が沸き上がることは必至であったため、一種のタブーのような扱いになっていた。そこで廃駅とはしない代わりに、普通列車でさえ大多数を通過させたり、冬季には駅自体を休業にしたりして、波風を立てないような対応が取られて

2021年3月ダイヤ改正の廃駅

近年ではダイヤ改正のたびに廃駅が生まれているが、2021年3月のダイヤ改正では、その数が合わせて19にも上り、あまりの多さが衝撃的だった。廃駅となったのは、JR北海道管内では函館本線の伊納駅、宗谷本線の南比布駅、北比布駅、東六線駅、北剣淵駅、下士別駅、北星駅、南美深駅、紋穂内駅、豊清水駅、安牛駅、上幌延駅、徳満駅、石北本線の北日ノ出駅、将軍山駅、東雲駅、生野駅、釧網本線の南斜里駅の計18駅で、JR東日本管内では奥羽本線の赤岩駅が廃駅となった。

いた。時刻表を見た時、通過を意味する「レ」の印が他駅よりもやたらと多い駅は、そのような存在である可能性が高かった。鉄道事業者にまだ余裕があった頃には、そのような穏便な対応でやり過ごすことも可能だったわけだが、いよいよ経営状態が思わしくなくなってくると、そうとばかりも言っていられなくなった。

　ついにJR北海道では、過去5年間の一日平均乗車人員が3名以下の、極端に利用者が少ない駅について、「弊社としては維持管理ができない」として、廃駅とするか、関係自治体の費用負担により維持管理を行うか、という苦渋の二択を問い掛けるまでになった。維持費としては年間100万円〜200万円ほどが見込まれたが、「維持費を負担してまで駅の存続を望まない」と、廃駅を容認する関係自治体が続出した。このように大量の廃駅が生まれるに至った「裏」には、それらの駅に、維持費相当のお金を掛ける価値さえ見出せないと、関係自治体に見限られた寂し

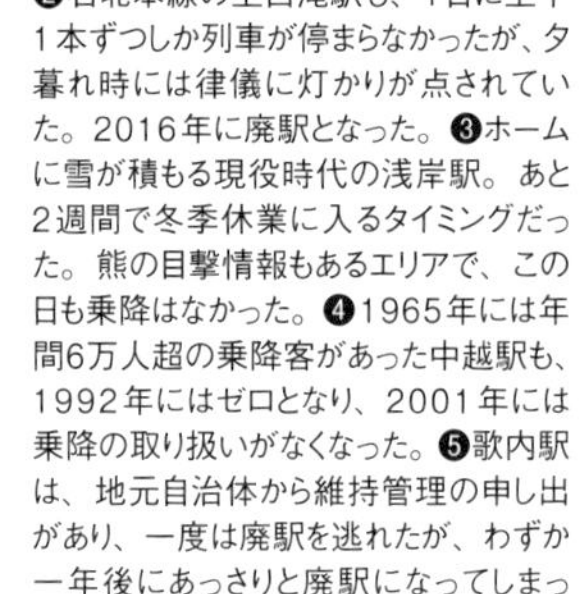
❷石北本線の上白滝駅も、1日に上下1本ずつしか列車が停まらなかったが、夕暮れ時には律儀に灯かりが点されていた。2016年に廃駅となった。❸ホームに雪が積もる現役時代の浅岸駅。あと2週間で冬季休業に入るタイミングだった。熊の目撃情報もあるエリアで、この日も乗降はなかった。❹1965年には年間6万人超の乗降客があった中越駅も、1992年にはゼロとなり、2001年には乗降の取り扱いがなくなった。❺歌内駅は、地元自治体から維持管理の申し出があり、一度は廃駅を逃れたが、わずか一年後にあっさりと廃駅になってしまった。❻尾白内駅では1988年に旧駅舎が取り壊され、有蓋貨車のワム80000形を改造した駅舎が建てられた。もろに貨車という姿がユーモラスだ。

2023年4月現在のダルマ駅リスト

2023年4月現在で全国に残るダルマ駅は、下記の通りだ。江差線・釜谷駅、東久根別駅、函館本線・尾白内駅、中ノ沢駅、二股駅、日高本線・浜厚真駅、宗谷本線・智恵文駅、筬島駅、問寒別駅、下沼駅、勇知駅、釧網本線・美留和駅、根室本線・尾幌駅、別当賀駅、西和田駅、八戸線・陸中夏井駅、只見線・会津坂本駅、飯山線・信濃平駅、吾妻線・市城駅、郷原駅、しなの鉄道・平原駅。全部で21駅で、最盛期に比べると半分以下にまで減ってしまった。

い実情があったのだ。

「町の観光資源になりうる」などの理由で、ひとまずは存続が選択された閑散駅についても、将来にわたって安泰というわけではなく、関係自治体が維持費を打ち切れば、たちまち廃駅になるという運命にある。実際、宗谷本線の歌内駅などは、地元自治体からの維持管理の申し出により一度は廃駅を逃れたものの、一年後のダイヤ改正では、あっさりと廃駅になってしまった（写真❺）。閑散駅の未来は、想像以上に脆いものなのだ。これからも少子化と過疎化は進む。朝夕に通勤通学で賑わったのはもはや過去、いまや閑散駅の一角に落ち着いてしまい、その先に待ち構えるのは廃駅の一択のみ、といったケースは今後も増え続けそうな勢いだ。

ところで、過去の拙著のひとつに、『日本の廃駅&保存駅136感動編』（イカロス出版刊）があるが、取材を始めた当初は、新規に廃駅が出現する頻度も低く、落ち着いて取材に回れる状況にあった。ところが、出版の前後から次々と廃駅が生まれるようになり、追加の取材に奔走し続けることとなった。その後も状況は変わっておらず、これからも廃駅の「裏」巡礼に追われ続けそうな状況だ。

「ダルマ駅」がどんどん減っていく…

閑散駅の究極の姿のひとつに、「ダルマ駅」というものがある（写真❻）。ダルマ駅とは、老朽化した駅舎に代わって、廃車となった貨車をリサイクルして、駅舎として据えたケースを指すのであるが、地域の玄関口としてのメンツよりも、ひたすら合理化だけを追求した姿とも言えた。そのダルマ駅が、まるで狙い撃ちにでも遭っているかのように、次々と廃駅になっている。〝まるで狙い撃ち〟という直感も、あながち間違いではなく、「裏」にある事情を考えれば、ある意味で必然の部分もあった。

そもそもダルマ駅は、乗降客が少ないために、合理化を企図して導入されたケースが多く、いわば閑散駅であることを声高らかに宣言しているようなものだったからだ。開業当初の駅では、乗車券の発売だけでなく、小荷物の授受や貨物の扱いなどもあったため、複数の駅員が執務をこなすための広い事務室と、多くの乗客が過ごすための待合室を併せ持った、大柄な駅舎が必要とされたところが多かった。しかし、荷物も貨物も取り扱いが廃止となって、やがては駅員のいない無人駅となり、乗降客も少なくなってくると、最小限の待合室さえあれば事足りるという状況に変わってしまう。駅舎が古くなって建て替えが必要となった時、なるべくお金を掛けたくないという懐事情も加わり、ならば操車場で不要となってゴロゴロしている貨車を、駅舎の代わりに使おうという発想からダルマ駅は生まれた。つまり、閑散駅にこそぴっ

❼安牛駅の駅前には一直線に道路が伸び、商店や事務所などが建ち並んでいたというが、晩年は全くの荒野で、ダルマ駅舎だけがポツンと佇んでいた。❽1999年に放送のNHK連続テレビ小説『すずらん』では恵比島駅がロケ地となったが、左側の立派な駅舎は撮影のセットだった。❾恵比島駅の本当の駅舎だったのがこちらで、駅舎のセットとムードを合わせるため、ダルマ駅舎が板で覆われていた。❿「過去5年の一日乗車人員が3名以下」という基準に該当してしまっている函館本線の中ノ沢駅。駅舎は車掌車のヨ3500形の面影を強く残す。⓫幌延町では維持管理費を負担することで、宗谷本線の糠南駅を存続させることを選択し、他にも南幌延駅と下沼駅の存続を決めた。⓬糠南駅は牧草地帯の真ん中にあり、板張りのホームには点字ブロックどころか、柵さえないというワイルドさだ。⓭糠南駅を有名にしているのがその待合室で、外見はどう見ても物置にしか見えない。⓮内部を覗いてみると、除雪用具が格納されていた。壁に時刻表が貼られていなければ、ただの物置を覗き込んでいる気分だった。⓯普段は人の気配が感じられない秘境駅の糠南駅も、クリスマスパーティーが開催された際には、約90名が集ったという。

たりとマッチしたのがダルマ駅であったというわけだ。

ダルマ駅は21世紀に入った段階でも全国で約50駅が現存し、そのうち約40駅は北海道に存在していた。特に多かったのが宗谷本線で、ほかにも日高本線、留萌本線、函館本線、江差線などに複数が存在していた。ダルマ駅は外観がユーモラスで、種車のバリエーションもあり、地元の学生たちがペイントした微笑ましいデザインのものもあって、徐々にその魅力が知られるようになってきた。その頃に全国のダルマ駅を訪ね歩いて上梓したのが『ダルマ駅へ行こう!』(小学館刊)で、私としては紀行文のつもりで書いた本だった。しかし、その後次々とダルマ駅が姿を消してしまい、結果的にはダルマ駅たちのレクイエムのようになってしまった。なにしろ、ダルマ駅が複数存在した日高本線や留萌本線、江差線では、路線そのものが部分廃止となってしまった結果であったから、ダルマ駅も運命をともにするほかなかった。宗谷本線では路線自体は健在であるものの、沿線人口の減少が深刻で、２０２１年には紋穂内駅、安牛駅（写真❼）、上幌延駅、２０２２年には前述の歌内駅が廃駅となって、合わせて4つのダルマ駅が消滅した。２０２３年には留萌本線の石狩沼田駅〜留萌駅の間が廃線となったため、途中に存在した恵比島駅（写真❽❾）、幌糠駅、大和田駅が廃駅となって、ここでもダルマ駅が3つも姿を消した。これで全国に残るダルマ駅は21駅となったが、この先も廃駅の噂が囁かれているダルマ駅があり、最終的に残るダルマ駅は、全国でも20駅を下回ることになりそうだ。

次に廃駅となりそうなダルマ駅はどこか、それを推測するのは残念ながら簡単だ。前述の通り、ＪＲ北海道が廃駅の基準をはっきりと公表しているからだ。その基準とは、過去5年間の一日平均乗車人員が3名以下であることとなっており、ダルマ駅でその基準に当てはまってしまっているのは、函館本線の中ノ沢駅（写真❿）、二股駅、根室本線の別当賀駅だ。関係自治体が費用を負担して維持管理を行うと申し出ない限り、いつかは廃駅の宣告が出されてしまう可能性がある。中ノ沢駅に関しては、その後の報道で、ＪＲ北海道から地元の長万部町に廃駅の意向が伝えられたことも明らかになった。ダルマ駅に限らず、駅が在り続けるということが、決して当たり前ではなくなったのが、この現代の世の中のようだ。

「秘境駅」がまちおこしの起爆剤に

本章の初めに、1日1回しか列車が発車しないという、究極の超閑散駅が近年まで存在したことを紹介したが、列車本数が少ないこと以外に、その設置されている環境が究極的に超閑散である「秘境駅」の存在を忘れるわけにはいかない。人が集まる場所であるはずの駅なのに、原野の真っ只中にポツンと存在したり、断崖絶壁の下にへばり付くように存在したり、果ては、外部に通じる道がない場所に存在したりするのだ。駅であるのに秘境であるという、その矛盾した概念が反響を呼び、とりわけ２００１年に刊行された牛山隆信著『秘境駅へ行こう！』（小学館刊）が大きな呼び水となって、ブームを巻き起こした。秘境駅ランキングで上位

「幌延町」と「秘境駅」

北海道幌延町では、2021年3月までは安牛駅と上幌延駅が営業中だったため、『秘境駅へ行こう!』の著者である牛山隆信さんが作成されている「秘境駅ランキング」で、全国の自治体で最多の6駅がランクインしていた。「秘境駅ランキング」の2022年度版では、幌延町の町内にある4駅が50位以内にランクインしている。

ダルマ駅の「裏」巡礼アルバム

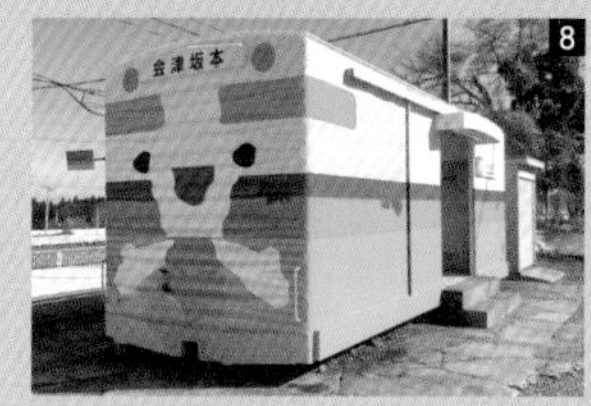

1 釧網本線・美留和駅（北海道）　可愛らしいイラストは、2019年に地元の小学生がペイントしたもので、これまでにもたびたび塗り直されている。

2 宗谷本線・筬島駅（北海道）　サイディングに覆われて、すっかり美しくなった。2021年からは音威子府村が維持管理を行って駅を存続させている。

3 根室本線・尾幌駅（北海道）　これまで何度も塗り替えられているが、他駅にはない牧歌的なデザインが毎回採用され、目を惹く存在となっている。

4 函館本線・二股駅（北海道）　北海道新幹線の札幌延伸時には廃線が確定している函館本線にあり、将来的には廃駅となることが避けられない状況となっている。

5 道南いさりび鉄道・東久根別駅（北海道）　裏から見ると、有蓋緩急車のワフ29500形の姿がまるわかりというユーモラスな存在で、車票差なども存置されている。

6 道南いさりび鉄道・釜谷駅（北海道）　有蓋車のワム80000形をそっくり転用したことがよくわかる外観で、ホームの高さまで持ち上げるようにして設置されている。

7 八戸線・陸中夏井駅（岩手県）　東北地方に数多くあったダルマ駅も、ほとんどが姿を消してしまい、相対的に陸中夏井駅のレア度が上がり続けている。

8 只見線・会津坂本駅（福島県）　かつて活躍していたキハ40系のイラストが描かれており、全国のダルマ駅でも他にはないユニークな姿となっている。

9 吾妻線・市城駅（群馬県）　3つ隣の郷原駅とともに、有蓋車の車体を活用したダルマ駅であるが、サイディングに覆われていて素性に気づきにくい。

10 飯山線・信濃平駅（長野県）　1986年に有蓋緩急車のワフ29737を改造して設置された。灯かりが点った姿は、まるで夜汽車のようで素敵だ。

11 しなの鉄道・平原駅（長野県）　1986年に車掌車のヨ14364を改造して設置された。天井部分は現役当時そのままの木造で、今日までよく耐えている。

12 予讃線・箕浦駅（香川県）　香川県で唯一の存在となっているダルマ駅。妻面にリベットが見られるので、有蓋車のワラ1形がベースであることがわかる。

10位以内に入る4駅を擁する飯田線では、JR東海自らが臨時急行「飯田線秘境駅号」を運行するほどのヒートアップぶりだった。

さらに本気度が高いのが、北海道の幌延町での取り組みだ。前述の通り、一日平均乗車人員が3名以下である駅は、廃駅か、地元自治体による維持管理かの二択を迫られていたが、幌延町では、町内の糠南駅・南幌延駅・下沼駅の3駅に関して、維持管理費を負担することで存続させることに手を挙げた（写真⓫）。3駅の一日平均乗車人員は、3名以下どころか、1名すら割り込む状態であったが、それでも存続の判断をした裏には、「秘境駅」が持つ観光資源としての可能性に賭けるという大きな決断があった。

この頃の幌延町では、秘境駅がまちおこしの資産として活用できるのではないかと、ようやく手探りで検討が始められたばかりだったが、このような英断ができた幌延町の、柔軟かつチャレンジングな姿勢は、ホームページからも感じ取ることができる。

『これまで幌延町が自治体日本一として誇れる（?・）ものはありませんでしたが、灯台下暗し。誰も気づかなかった秘境駅がひっそりと全国一の称号（2021年当時自治体秘境駅数ナンバーワン）を手にしていたことになります!!』

幌延町で、「秘境駅」のことが認知されるきっかけとなったのが、糠南駅のテレビ放映だったという。糠南駅は、一面の牧草地の中にポツンとある板張りのホームと、物置然とした待合室があるだけで、見慣れている地元の方々にとっては、これのどこがスゴイのか、よくわからなかったに違いない（写真⓬、⓭、⓮）。それでも、そのあとのフットワークが軽かった。話題性がありそうだということで、まずどのような可能性があるのかを探るために、「秘境駅携帯クリーナー・糠南駅編」を作成して、2015年7月から試験的に販売を始めた。それも、ただ販売するだけでなく、きちんと購入層を集計し、それによって「道内より道外からの購入層が多い」、「特別企画乗車券（18きっぷ、北海道東日本パス）の時期に販売数が増加」、「学生の方が多い」などの分析を行っている。町で同年10月策定した「幌延町まち・ひと・しごと創生総合戦略」においても、「鉄道系資産を新たな観光資源として位置づけ、関連イベントの開催等により、観光振興、交流人口の増加を図る」ことと定め、これに基づいて、秘境駅を活用したまちおこし事業を進めているのだという。

そして全国的に話題をさらったのが、糠南駅で開催されたクリスマスパーティーだった。一面が銀世界の中にポツンと佇む糠南駅に、サンタ帽をかぶった参加者が大挙して集合したのだ。2022年12月18日に開催された「第8回　クリスマスパーティー in 糠南2

022」では、約90名が参加したという、1日3本しかない普通列車は、この日は早朝にもかかわらず参加者で満席状態だったという。氷点下の気温の中、地元の方々が薪ストーブを準備し、参加者は豚汁やビーフシチュー、ケーキなどを楽しみながら交流を深めた。このクリスマスパーティーのきっかけも、2015年に栃木県の男性の発案による自然発生的なものだというが、それを地域で育てていったことで、いまのような規模へと発展した。ちなみに、毎年の開催が厳冬の時季であるため、開催当日に暴風雪で列車が運休したり、帰りの飛行機に乗れなかったりするなど、行き帰りだけでも困難が伴った事例がいくつもあったそうであるが、参加者はむしろその非日常を楽しんでいる一面もあったらしい。

幌延町が糠南駅など3駅の存続という英断を下したことで、町の名を全国に知らしめる結果となり、町内にも大きな経済効果をもたらしている。観光協会や地域おこし協力隊とも連携し、さらには自治体間の広域的な連携も進めながら、今後も鉄道系資産を活用した地域と都市部住民との交流を促進してゆく計画だ。人の気配が感じられないからこその秘境駅であるのに、人を集める観光資源となってしまっているのであるから、そこが何とも愉快である(写真⑮)。

二 線路の「裏」 日常の保線作業から災害復旧まで

確実にバラスト輸送シーンを捕捉するには?

日々、列車が安全に走行できるのは、もちろん、その「裏」で線路の保守作業が絶え間なく行われているからであるが、中でも線路の安定に大切な役割を果たしているのがバラストだ(写真❶)。バラストは、地上を走る鉄道ならどこでも普通に見かけるが、その役割としては、列車の荷重を分散して受け止めることにあり、そのことによって路盤にかかる衝撃を和らげ、騒音の低減にも一役買っている。ほかにも排水を良くして枕木の腐朽を防いだり、雑草が生えにくくしたりする効果もある。逆にバラストがなければ、列車の荷重

❶線路の安定に重要な役割を果たしているのがバラストで、写真は台風による土砂災害の現場で行われていたバラストの再敷設作業だ。

はすべて枕木の直下に集中することになり、沈下の原因ともなってしまう。

バラストに採用される砕石の種類や大きさにも、やはり規定があるのだった。主に採用されるのは安山岩で、大きさは15～70ミリメートル程度、適度に角ばっているものが最上だそうだ（写真❷）。安山岩は硬くて割れにくいことが特徴でもあり、一度バラストが敷設されると、再びバラストの散布が行われるまではずいぶんと間が空くことになる。しかも、バラストに関連した作業は、列車が往来する日中よりも、終電後の深夜に行われるケースも多いため、バラストの輸送シーンを捕捉しようなどという「裏」巡礼はなかなかハードルが高い。

どうしてもそのシーンを捕捉したければ、一番確実なのは軌道工事を専門に行う業者に就職してしまうことだ。実は私も、そうした求人情報を探してみたこともあったが、別に本業を抱えながら、深夜の仕事を掛け持ちすることは現実的には困難だったので、断念した経緯がある。そこで私が選んだ、もっとも手っ取り早い方法が、鉄道の沿線に住むことであった（写真❸）。住んでしまえば、事前に運行情報を掴んでいなくても、終電後の時間帯に踏切の警報器が鳴れば、それは何かしらの非営業列車が接近する合図となるからだ。非営業列車のすべてがバラスト輸送列車とは限らないが、少なくとも、当てもなく踏切の傍に立っているよりは、捕捉できる確率は格段に高くなる。

〝ラクして非営業列車を捕捉したい〟というよこしまな気持ちで、私はこれまで引っ越しをするたびに、必ず線路沿いの物件を選んで住んできた。そして深夜に警報器が鳴れば、飛び起きてカメラを抱え、出撃することを繰り返してきた。ここでは、バラスト輸送列車に遭遇した時の「裏」巡礼のことを振り返ってみたい。

究極のはずの「裏」巡礼は、あっけない形で幕を開けた。この頃は滋賀県甲賀市の近江鉄道沿線に建つマンションに住んでいたのだが、一階の郵便受けに、近江鉄道からの夜間作業を知らせるチラシが入っていた。そこには「砕石散布作業」の文字が躍っていた。しかも、チラシに示された散布現場というのが、マンションのすぐ先だった。まさか、こんな形で散布シーンへの招待状が届くとは思ってもみなかった。もっとも、近江鉄道としては招待したつもりなど毛頭なく、むしろ来ないで頂きたいと願っておられたに違いなかったのだが、迷惑にならないよう、公道から作業を眺めようと心に決めた。作業の日程と、おおよその時間もわかっているので、あとは当日、部屋で待っていれば、バラスト輸送列車の接近は、踏切が知らせてくれるというわけだ。毎月、滞納することなく家賃を収め続けたご褒美が、こんな形でやってきたことに、幸せをかみしめた。

バラスト散布の当日がやってきた

　いよいよバラストが散布される当日がやってきた。バラスト輸送列車の動きは予測済みで、まずバラストの積み込みは、日中のうちに五箇荘駅から伸びる引込線の端で行って、終電間際ぐらいに貴生川駅まで送り込み、終電が貴生川駅を発車したあとに、その後を追うように散布現場へやってくるはずだと踏んでいた。

　その予測はズバリ的中した。夜、終電間際ぐらいの時間帯に、定期列車の

❷バラストに採用される砕石は、大きさは15～70ミリメートル程度の安山岩で、適度に角ばっているものが最上だという。❸バラストの輸送シーンなど、事業用車の活躍を確実に捉えたくて、鉄道沿線に住んでしまうということをずっと実践している。❹新品のバラストを山積みにしたホキ10形の2両が、このあとの散布に備えて貴生川駅のホームに待機していた。❺ヘッドライトを煌々と点灯したバラスト輸送列車が到着した。散布場所の微調整はカンテラの上下動で合図が送られた。❻作業員がハンドルを回すと、轟音とともにバラストが滑り落ち、あたりには粉塵が白い煙のように舞い上がった。❼すべての作業を終え、バラスト輸送列車が引き上げていったのは、午前1時近くになってからだった。

通過時刻とは全く違うタイミングで警報器が鳴ったので、これは送り込みの列車に違いないと、大急ぎでベランダに出た。まもなく、バラストを満載した2両のホッパ車が、220形電車にエスコートされて貴生川方面へと通過していくのが確認できた。近江鉄道の220形電車は、外観こそ近代的だったが、モーターには鉄道省戦前標準形のMT15と呼ばれる古典的なものを搭載しており、吊り掛け駆動の独特の甲高いサウンドを響かせながら走り去ってゆくシーンは、心にジーンと響いた。

　これで、今日のバラスト散布は予定どおりに実施されることが確実となったので、そのまま部屋でバラスト散布の作業開始まで待っていても良かったのだが、せっかくならば散布開始前の姿も見ておこうと、自家用車を貴生川駅まで走らせた。貴生川駅のホームの明かりに照らし出されたホッパ車のホキ10形は、新品のバラストを山盛りに

積み込んでおり、このあとの散布に備えて静かに佇む姿は、神々しくさえ思えた（写真❹）。あまり長々と見惚れていて、バラスト輸送列車が発車の時を迎えてしまうと、肝心の「裏」巡礼のヤマ場を見逃すことになるので、いったんマンションまで戻って自家用車を駐車場に置き、散布現場へと先回りした。

しばらくして、鉄橋を渡ってくる走行音が響き、ヘッドライトを煌々と灯したバラスト輸送列車が散布現場に到着した（写真❺）。

すぐに作業員がホッパ車へと駆け上り、勢いよくハンドルを回した。バラバラバラっという音とともにバラストが線路際に落ちてきて、白く煙のように粉塵が舞い上がった（写真❻）。作業員の合図で電車が少し移動し、またハンドルを回してバラストを落とすと、再び白く粉塵が舞い上がった。1両目のホキ10形の砕石が空になったらしく、今度はもう1両のホキ10形からバラストが落とされた。あれだけのバラストを積んでいたのに、ほんのわずかな区間に散布しただけで、作業はあっけなく終わってしまった。ホキ10形には、1両あたりで30トンのバラストが積載できることになっているが、線路10メートルあたりで約15～30トンの砕石を消費してしまうため、2両のホキ10形にバラストを満載でやって来ても、散布できるのはわずかに数十メートルだったのだ。近江鉄道の米原駅～貴生川駅の本線だけで47・7kmもあるので、全線にバラストを散布しようと思えば、途方もない量のバラストが要ることになり、考えただけでも気が遠くなりそうだった。鉄道の安全が足元で担保されているのは、こうした地道な作業が、乗客たちには見えない裏側で、連綿と続けられてきた結果だったのだ。

バラストは、撒いて終わりというわけではなく、現場では引き続き線路際に撒いたバラストをならす作業が30分ほど続けられた。午前1時前になって、ようやく作業が終了し、220形電車は空になった2両のホキ10形を引き連れて、車庫のある彦根方面へと引き上げていった。往路のバラスト輸送列車はカメラが間に合わずに撮り損なったが、復路はマンションに戻ってベランダでしっかりと待ち構えて、無事にカメラに収めることができた（写真❼）。寝静まった闇夜の中を、ひと仕事終えて帰っていくバラスト輸送列車の走行音は、送り込みの時よりも軽やかに聞こえた。それは気のせいではなく、本当に荷が軽くなっていたためだったのだが。

災害復旧のための突発的な線路の保守作業

こうした計画的な線路の保守作業のほかに、自然災害に伴う突発的な線路の復旧作業が必要となるケースもある。２０１７年10月の台風21号による大雨で、近江鉄道の日野駅~水口松尾駅間にある清水山トンネルの出口付近で法面の崩落が発生し、軌道内に大量の土砂が流れ込んだ。列車は10月23日の始発から9日間にわたって運休し、日野駅~水口駅間ではバスによる代行輸送が行われた。その間に軌道内と法面の土砂を除去し、軌道の再整備が進められた。再整備の作業も佳境に入った10月30日には、いよいよバラスト輸送列車の運行が行われることになった。この日の運行は日中に行われることになったため、まだ陽も高いうちの「裏」巡礼となった。

❽台風21号による大雨で、清水山トンネルの出口付近で法面の崩落、その復旧作業のためのバラスト輸送列車が五箇荘引込線を出発した。❾五箇荘駅では進行方向が逆になるため、牽引のモハ220形の付け替えを行う。背後を東海道新幹線が通過していった。❿貨物列車が絶えて久しい近江鉄道を、事業用とはいえ、貨車が走り去って行く光景は、何とも魅力的に映った。⓫日野駅から先ではホッパ車を先頭に進行するため、連結順序の変更が行われた。入換作業には手旗が活躍していた。⓬ホッパ車が視界を遮って、運転士は前方が見えないため、ホッパ車に添乗した係員の手旗が唯一の頼りだ。⓭バラストの散布を終え、彦根方へと引き上げていくバラスト輸送列車からは、安堵感が漂ってくるように思えた。

午前11時、バラストの積載が行われる引込線のある五箇荘駅に向かうと、すでにホキ10形の2両にバラストを満載して引込線から出てきたところだった(写真❽)。いったん五箇荘駅のホームに横付けされると、牽引に当たっていたモハ220形を反対側に付け替える作業が行われた(写真❾)。田園地帯を走るバラスト輸送列車の姿を捉えようと、河辺の森駅まで自家用車で先回りして待ち構えた。午前11時37分、バラスト輸送列車がやって来た。貨物列車の運行が絶えて久しい近江鉄道で、事業用とはいえ貨車がトコトコと通過していく姿は、とても貴重なシーンを見ている想いだった(写真❿)。

12時18分、バラスト輸送列車を追いかけて日野駅まで行くと、駅の構内ではモハ220形を反対側に付け替える作業が行われていた(写真⓫)。ここから復旧工事の現場までは、ホキ10形を先頭にして、後ろからモハ220形が推して進むようだ。復旧工事の現場は公道からは見えない位置にあるため、少し手前の踏切の近くで、バラスト輸送列車の通過を待った。

12時38分、先頭のホキ10形のデッキに添乗した作業員の手旗の合図で、バラスト輸送列車が近づいてきた（写真⑫）。運転席の目の前にホキ10形の躯体が来てしまうので、前方は全く視認できず、進行を示す緑の手旗が唯一の頼りだ。バラスト輸送列車はそのままカーブの向こうの復旧工事の現場へと進入していった。

バラストを散布し終えて、空になったホキ10形たちが踏切付近まで戻ってきたのは13時39分。しばらく付近で停車したのち、14時10分、すべての任務を終えてバラスト輸送列車は彦根方へと引き上げていった（写真⑬）。

整備を終えた線路では、新たに土砂崩落検知センサーを備えた土留柵が設置され、もし土砂崩落を検知した場合には、接近する列車に直ちに停止信号を発報する特殊信号発光機も設けられた。同時に、関係各所へメールが自動送信されるシステムも構築され、安全性はより高められた。鉄道の安全運行のため、乗客には見えない「裏」で、こうした保守作業が日夜続けられているのだ。

三　アーチ橋の「裏」　幻の鉄道の煉瓦アーチ橋群

わずか9年で歴史の「裏」へと隠れたアーチ橋

大正期以前に開業した鉄道では、沿線のあちこちで煉瓦アーチ橋が採用され、いまでも現役で使われているものが多数存在するが、逆にわずかな期間で廃線となってしまい、歴史の「裏」へと隠れてしまった煉瓦アーチ橋も存在する。ここでは全国の数ある煉瓦アーチ橋の中から、〝大仏鉄道〟の煉瓦アーチ橋を採り上げてみたい（写真❶）。

〝大仏鉄道〟とは耳慣れない名称であるが、その実は「明治の5大私鉄のひとつ」と謳われた関西鉄道の一部区間を指す愛称である。関西鉄道は現在のＪＲ関西本線の前身で、名古屋から大阪を目指して路線を延伸してきたが、１８

❶開業からわずか９年で廃止となってしまった“大仏鉄道”の煉瓦アーチ橋のひとつが梶ヶ谷橋梁で、現在でも通り抜けることができる。

98年4月19日には、京都府の加茂駅からは黒髪山トンネルを経由して、奈良の市街地に位置する大仏駅までが開業、多くの市民や観光客が利用した（写真❷）。翌年には奈良駅への乗り入れが実現するなど、順風満帆にも思われたが、大きな障壁となったのが黒髪山トンネルへと続く急勾配だった。最大25‰にも達する急勾配は、イギリス製の当時の最新鋭の機関車でも上り切れないことがあり、乗客が降りて押したり、近隣の村の人たちが来て押したりする有様だったという（写真❸）。その後、加茂駅から木津駅を経由して奈良駅へと至る平坦ルートが開通すると、この黒髪山トンネルを越えるルートは必要性が低下し、わずか9年間で廃止となってしまった。営業していた時代が明治後期と古く、しかも営業が短期であったことから、そんな鉄道があったことすら歴史の「裏」へと置き去られてしまった。

近年、地域の産業遺産を見直す機運の高まりを受けて、〝幻の大仏鉄道〟として整備が進み、京阪神からも近い手頃な散策ルートとして、訪れる人も増えている。〝幻〟という響きも人々を惹きつけるひとつの要因であるが、100年以上前の面影が奇跡的に色濃く残っていることも、人気を集める要因となっている。私も現地を訪れた理由が、当時の煉瓦アーチ橋が3か所で原型を留めていることにあった。私の近著に『ランプ小屋の魔力』（イカロス出版刊）というものがあるのだが、第一部では「ランプ小屋」、第二部では「アーチ

❷1898年に開業した大仏駅は、多くの市民や観光客に利用されたという。その跡地は「大佛鐵道記念公園」として整備されている。❸“大仏鉄道”を廃止へと追い込んだ黒髪山トンネルは、1964年の道路拡幅で撤去されたが、急勾配は今も残っている。❹黒髪山トンネルの坑門に取り付けられていた関西鉄道の社紋は、京都府京都市の京都鉄道博物館で現在も見ることができる。❺鹿川橋梁は、跨いでいる水路の幅に対して、異様に縦長な姿をしている。アーチ環を形成する迫石も御影石が使われているようだ。❻煉瓦アーチ橋を裏側から見上げると、当時の職人がひとつずつ手で積み上げた痕跡が確認できることが一番の魅力だ。❼下部には煉瓦を4段にわたって迫り出させた構造が見られ、この上に板を渡して人が通れるように設計されていたようだ。

橋」を採り上げており、第二部の取材のために全国の煉瓦アーチ橋を訪ね歩いた際、大仏鉄道のアーチ橋群にも足を運んだ。

アーチ橋群へのアプローチは、両端にある加茂駅、あるいは奈良駅から歩き始めるのが一般的であるが、かつての廃線跡を一部でトレースするように走る路線バスもあり、私は徒歩とバスを組み合わせるコースを選んだ。バスだと、この区間を廃止へと追い込んだ元凶の、黒髪山トンネルへと続いた急勾配を追体験することができるからだ。黒髪山トンネルそのものは、1964年に道路拡幅に伴って撤去されたが、黒髪山トンネルへと続いた上り坂は現在も残っており、ゴムタイヤを履いた現代のバスでもなかなかしんどそうなことを実感した。これが鉄の車輪で、しかも蒸気機関車が牽引する列車ともなれば、登坂が相当に困難だったことは容易に想像がついた。なお、黒髪山トンネルの坑門に取り付けられていた関西鉄道の社紋は、現在も京都鉄道博物館に展示されている（写真❹）。

お目当ての「鹿川橋梁」に到達

第一の目的地は「鹿川橋梁」で、近くのバス停で下車すると、いまバスで走ってきた道の下へと回り込むように坂道を歩いて下った。バスが走ってきた市道44号線こそ、かつての大仏鉄道の廃線跡であり、その下部構造物を裏側から見ようと思えば、下へと回り込む必要があるわけだ。この鹿川橋梁は、今回の「裏」巡礼で一番楽しみにしていたターゲットで、非常にユーモラスな姿をしている。ものすごく縦長な姿をしているのだ（写真❺）。跨いでいる水路の幅は1メートルほどしかないが、高さはその3倍はありそうだ。単に水路を跨ぐだけなら、これほどまでに縦長にする必要はなかったであろう。このような姿になったヒントは、側壁の下部に設けられた迫り出し構造にある。

大仏駅

大仏駅は、名古屋から大阪を結ぶ目的で路線を延伸してきた関西鉄道が、奈良市街地に1898年4月19日に開設した駅で、現在の奈良駅からは北に1.1kmの位置にあった。当時は伊勢や名古屋方面からの大仏参拝客で賑わったという。大仏駅跡は「大佛鐵道記念公園」として整備され、機関車動輪のモニュメントと説明碑が設置されている。

黒髪山トンネル跡

“大仏鉄道”の難所となった勾配の頂上付近にあったトンネルで、廃線後もその姿を留めていたが、1964年に道路の拡張工事に伴って開削されて姿を消した。その前後の勾配は現在も残っている。トンネルの坑門に取り付けられていた関西鉄道の社章は、現在は京都鉄道博物館で展示されている。

アーチ部の迫石と、側壁部の隅石は立派な御影石で組まれているが、下部の隅石のひとつが迫り出している。内部を見上げてみると、ここはまさに線路の「裏」で、緻密に積層された煉瓦が、アーチ部から側壁部にわたって続いている（写真❻）。側壁部の下部には、先ほど迫り出していた隅石と同じ高さになるよう、煉瓦を4段にわたって少しずつ迫り出させた構造が見られる（写真❼）。これが端から端まで続いているので、鹿川橋梁は、単に水路を跨ぐだけではなく、その上の迫り出し部分に板を渡して、人が通れるように設計されていたと考えられる。鉄道の築堤が建設されることによって土地が分断されることの影響を、少しでも和らげようとする鉄道側の配慮だったと思われる。だからこそ、小さなアーチ橋なのに、迫石や隅石、そして頂部の要石に、立派な御影石が使われていたのであろう。

❽松谷川橋梁は、途中までコンクリートによって塞がれており、その前にはフェンスが設置されて中に入れないようになっている。❾色彩の異なった煉瓦を交互に積む「ポリクロミー」が松谷川橋梁に採用されており、これによって装飾的な効果が生まれている。❿梶ヶ谷橋梁は現在でもアーチ橋をくぐることができ、間近で内部の様子を観察できることが魅力となっている。⓫アーチ部分は小口層を4巻にしており、間近で観察すると、建設当時の目地の施工の様子を感じ取ることができる。⓬アーチの内部は「長手積み」となっており、側壁は全長にわたって御影石が積層された重厚な造りとなっている。

　続いて訪れたのは「松谷川橋梁」で、ここまでは大仏鉄道の廃線跡を転用した市道44号線を歩いた。松谷川橋梁も、この廃線跡の下部構造に該当するため、細い坂道を下って築堤の裏側へと回った。松谷川橋梁もまた面白い造りとなっていた。先ほどの鹿川橋梁よりは幅もあって安定感のある姿となっているが（写真❽）、松谷川橋梁の特徴は、その煉瓦の積み方にあり、焼き色の薄い煉瓦と、濃い煉瓦を交互に積層している。これはもちろん意図的になされたもので、このストライプ模様のことを「ポリクロミー」と呼んでいる（写真❾）。装飾目的で用いられる技法であるため、鉄道のお客さんからは全く見えない下部構造に、ポリクロミーを採用するケースはあまり多くはないが、関西鉄道はなぜか好んで採用をしたため、加茂駅から先の亀山駅にかけての現在のＪＲ関西本線の区間でも、「第１６５号架道橋」などでポリクロミーを採用した煉瓦アーチ橋を見ることができる。

ここからは再び路線バスに揺られて、「梶ヶ谷橋梁」へ向かう。梶ヶ谷橋梁の最大の特徴は、大仏鉄道の区間の中でもっとも原型を留めていることで、しかも誰もが自由にアーチ橋をくぐり抜けられることだ（写真⑩）。鹿川橋梁は、一部で原型が失われていたし、跨いでいるのが水路のため、長靴を持参していなければ、くぐることは困難だった。松谷川橋梁は、途中でコンクリートによって封鎖され、入口もフェンスで封鎖されていたため、外から眺めることしかできなかった。その点、梶ヶ谷橋梁は、アーチ橋の中に入り込んで裏側からじっくりと観察することができる。坑門部分は、煉瓦の長手と小口が交互に層を成す「イギリス積み」で、アーチ部分は小口を4巻にした安定感のある造りとなっている（写真⑪）。アーチの内部は、煉瓦の長手ばかりで積層した「長手積み」となっており、側壁は全長にわたって御影石で積層されている（写真⑫）。目地も丁寧に仕上げられており、端正で正統派の煉瓦アーチ橋の姿を見せてくれた。

わずか9年で歴史の「裏」へと消えた大仏鉄道であったが、その当時にしっかりと造られたアーチ橋たちは、令和の今日もどっしりと存在し、散策に訪れる人たちに歴史を語り続けている。

大仏鉄道の遺構群

かつての大仏鉄道の遺構はいくつも残っており、ご紹介した3つの橋梁のほかに、奈良市内には佐保川橋脚や鴻ノ池橋台の基礎部が残っており、加茂駅付近には、観音寺橋台や鹿背山橋台、赤橋などの遺構が残っている。加茂駅の駅舎に隣接して、関西鉄道時代に建設されたランプ小屋も現存している。

四　軍用側線の「裏」

戦後も存在したタブーの側線

もっとも「裏」の存在であった軍用側線

あらゆる鉄道施設の中で、もっとも「裏」の存在と言えば、軍用の専用線ということになるであろう。「軍用側線」の名称で呼ばれることも多かったが、戦時中は存在そのものが機密であり、写真を撮ることなどあり得ないことだった。終戦後ほどなくして撤去されたケースも多く、詳細な記録が残っていない軍用側線も多い。

そんな中、戦後になって新たに敷設された軍用側線が存在する。それは、戦後に日本を占領統治した連合軍、あるいは在日米軍の命令によって建設された軍用側線であった。今回は東日本と西日本のそれぞれで、戦後に生き続けていた軍用側線の「裏」巡礼に出かけた。

❶淵野辺駅付近から横浜線に並行して、米陸軍相模総合補給廠の軍用側線が草に隠れながら途切れ途切れに残存している。

淵野辺軍用側線（神奈川県相模原市）

淵野辺軍用側線は、横浜線の淵野辺駅付近から分岐していて、米陸軍相模総合補給廠へと至っていた専用線であった。淵野辺駅から先では横浜線と並行、現在の矢部駅付近を経由して、相模原駅付近にまで達していた。淵野辺軍用側線は、旧日本陸軍相模造兵廠の前身である相模兵器製造所が開設された１９３８年には、すでに存在していたと考えられる。１９４９年に接収されて米陸軍相模総合補給廠となってからは、さらに拡張されて総面積が約２１４haにも達し、このことに伴って軍用側線も延伸が行われた。戦後になって新設された主要な軍用側線は、補給廠の東側をぐるりと回り込むようなルートで敷設され、終端付近では５線が並行する配線となっていた。

　現在の淵野辺駅に降り立つと、横浜線の現役のレールと並行して、かつての軍用側線のレールが草に埋もれながらも残っていた（写真❶）。軍用側線は橋上駅舎の真下を通り抜けていくが、この部分は日が当たらないためであろう、草もほとんど生えず、まるで現役のような姿を保っていた（写真❷）。軍用側線はここから相模原駅の付近まで続いていたが、現在でも途切れ途切れにレールが残っているのが横浜線の車内からでも良く見える（写真❸）。

　いまでは枕木もほとんどが土に埋まってしまっている状態で、とても軍用側線などという厳めしい役割を果たしていたようには見えない。事実、１９５９年にはいったん使用が休止されていたという。しかし、ベトナム戦争の激化を受けて、１９６９年から数年にわたって軍関係の貨車が再び行き交ったと記録されている。１９７９年には正式に廃止となり、それからすでに40年以上が経過しているのであるから、むしろよく姿を保っているほうなのかもしれない。

　矢部駅の付近からは、北西側に米陸軍相模総合補給廠が広がっている。高いフェンスに囲まれ、英語と日本語の二か国語で立ち入り禁止の看板が取り付けられているのを見ると、否応なしに緊張感が高まってくる。ちょうど路面には、軍用側線が横切っていた頃の踏切の痕跡が残っていたが、補給廠が写り込まないように、フェンスを背にして写真を撮った（写真❹）。現代であっても、カメラを取り出すことに躊躇したぐらいだったから、戦時中に軍用側線の写真を撮ることなど、到底叶わなかったであろうことを改めて実感した。

この踏切から先は、戦後に米軍の要請で基づいて新設された区間であったが、すでにレールは撤去されていた。ところが、県営上矢部団地の付近まで来ると、両側を道路に挟まれた細長い用地が出現し、そこでは半ば土に埋もれながらもレールが再び姿を現した（写真❺）。レールは残っていたものの、貨車の往来が途絶えてから長い年月が経

❷淵野辺駅の橋上駅舎の下では、軍用側線は現役のような姿を保っていた。手前が横浜線のレールで、さすがに整備状況は格段に上だ。❸軍用側線は淵野辺駅付近から矢部駅を通って、相模原駅付近まで横浜線に並行して伸びていたが、へろへろのレールが現在も残っている。❹米陸軍相模総合補給廠のフェンスを背に、軍用側線の踏切の跡を撮影した。左側には住宅や保育園が建っている。❺県営矢部団地の付近ではレールが再び姿を現した。日当たりの良い線路敷は付近の住民の花壇と化していた。❻レールが残っていた終端付近は、すっかり野生植物に飲み込まれるようだった。この先では路盤のみが残り、レールは姿を消していた。❼US ARMY8500形は日本には現存しないが、米国には同クラス機が保存され、ウォーカーズビル・サザン鉄道の9331号機もそのひとつ。

大きく変わる米陸軍相模総合補給廠

米陸軍相模総合補給廠は、1938年に開所した相模兵器製造所を前身とする相模陸軍造兵廠を、戦後に接収して成立した。旧日本陸軍時代には戦車部品、本体、試作機の製造などが行われていた。広さは約214haであるが、このうち約17haが2014年に相模原市へ返還された。約2haについては相模原市が道路を建設し、残る約15haについてはオフィスビルや商業施設を整備する計画である。さらには小田急多摩線を相模原駅まで延伸する計画もある。

❽油槽所からのタンク車が二条駅の貨物ヤードへと進入してゆく。四条軍用側線はこの付近では元からあった専用線を共用していたと思われる。❾現在は高架化されてシンプルな配線となっている二条駅も、かつては広大な貨物ヤードを擁していた。❿写真8付近の現在の様子。当時はなかった道路が開通し、両側には商店や集合住宅が建ち並んでいる。⓫三条通を渡る踏切は最晩年まで手動のままで、踏切警手が回転灯を点灯して遮断機を上げ下げしていた。⓬写真11付近の現在の様子。踏切の痕跡は残っていないが、左側の商店は現在も盛業中である。

過した線路敷は、すっかり野生に還ろうとしていた(写真❻)。その先では再びフェンスに遮られ、フェンスの向こう側にはレールが撤去された路盤だけがまっすぐに伸びていた。

淵野辺軍用側線では、接収された直後から1952年頃にかけて、補給廠内における入換や、貨車の授受に、米軍が持ち込んだ電気式ディーゼル機関車のUS ARMY 8500形が活躍していたという。日本国内にこの機関車は現存していないが、アメリカ本国ではGE製で同クラスの機関車が各地に保存されており、メリーランド州のウォーカーズビル・サザン鉄道では、ボンネットがやや低い以外は雰囲気がそっくりの、9331号機が動態保存されている(写真❼)。

四条軍用側線(京都府京都市)

四条軍用側線は、山陰本線の二条駅付近から分岐していた、連合軍京都地区司令部(Kyoto Post Command、略称KPC)の倉庫への専用線であった。連合軍は、1945年秋に二条駅南側の貨物ヤードを接収したが、一般貨物への支障や輸送上の限界などがあった模様で、京都市内の大規模な事業所を接収して倉庫とすることが計画された。まず接収されたのが島津製作所三条工場で、ここには山陰本線の花園駅から「二条軍用側線」を敷設する命令が1946年に下された。続いて1947年には島津製作所四条工場が接収されることになり、ここには二条駅から「四条軍用側線」を敷設する命令が下された。島津製作所四条工場では、戦時中は航空機部品を生産していたが、終戦後は施設を日本写真印刷(現・NISSHA)が使用することとなり、その移転作業が開始された直後に、接収命令が出されてしまったという。四条軍用側線のほうは、すでに二条駅から中央食糧営団京都出張所までの専用線が敷設されていたことから、専用線から途中で分岐して南方へと延伸する形で敷設が行われた。

ところで、花園駅から分岐するのが二条軍用側線で、二条駅から分岐するのが四条軍用側線と、名称がずいぶん紛らわしいが、両者を詳しく解説した「占領期京都に存在した引込線」（森田耕平著、風媒社「地図で楽しむ京都の近代」に収録）によれば、二条軍用側線は管轄が二条駅で、元の名称が二条花園側線であったことに由来し、四条軍用側線は接収時点での工場名に由来しているそうだ。これらの軍用側線には、関西における連合軍に関する貨物の輸送拠点となっていた神戸港駅から、資材や燃料、食糧などが到着していたと推定されている。連合軍による日本占領は１９５２年に終了し、軍用側線も大きな転機を迎えた。二条軍用側線は１９５７年度に線路の撤去が本格化し、現在では土地の地割に名残を留める程度となっている。いっぽう、四条軍用側線は、一部の区間が１９９３年まで油槽所への専用線として引き続き活用されていたため、私もタンク車が行き交う光景をカメラに収めていた。

当時撮影した写真を片手に、四条軍用側線の現在の様子を見に行ってみた。最初に訪れたのは、かつての二条駅構内の南西端で、駅西側の貨物ヤードから分岐したレールが、ここから構外へと続いていた（写真❽）。最盛期の二条駅の貨物ヤードは広大で、晩年でも多数のタンク車が集結していた（写真❾）。現在では貨物ヤード跡は商店や集合住宅に変わっており、線路跡も道路へと変貌していた（写真❿）。この先では三条通を踏切で渡っていたが、踏切は最晩年まで自動化されておらず、機関車やタンク車が通過する際には踏切警手が回転灯を点灯して、手動で遮断機を下ろしていた（写真⓫）。現在では踏切の痕跡は何も残っていないが、踏切の左側の商店は今も変わらず盛業中であった（写真⓬）。三条通の踏切を越えた南側では、左側に日本食糧倉庫京都支店、元の中央食糧営団京都出張所の倉庫群が並んでおり、ここで倉庫群への専用線から右へと四条軍用側線が分

関西にも複数が存在した軍用側線

関西地方でも、戦前から戦時中にいくつもの軍用側線が敷設されていた。京都府下では、JR奈良線・木幡駅から分岐していた「宇治火薬製造所専用線」、JR片町線（学研都市線）・下狛駅付近から分岐していた「川西側線」、大阪府下では、JR学研都市線・津田駅から分岐していた「禁野弾薬庫専用線」、星田駅から分岐していた「大阪砲兵工廠香里製造所専用線」、兵庫県下では、JR宝塚線・中山寺駅から分岐していた「大阪陸軍獣医資材支廠長尾分廠専用線」、「大阪陸軍兵器補給廠川西分廠専用線」など多数が知られている。

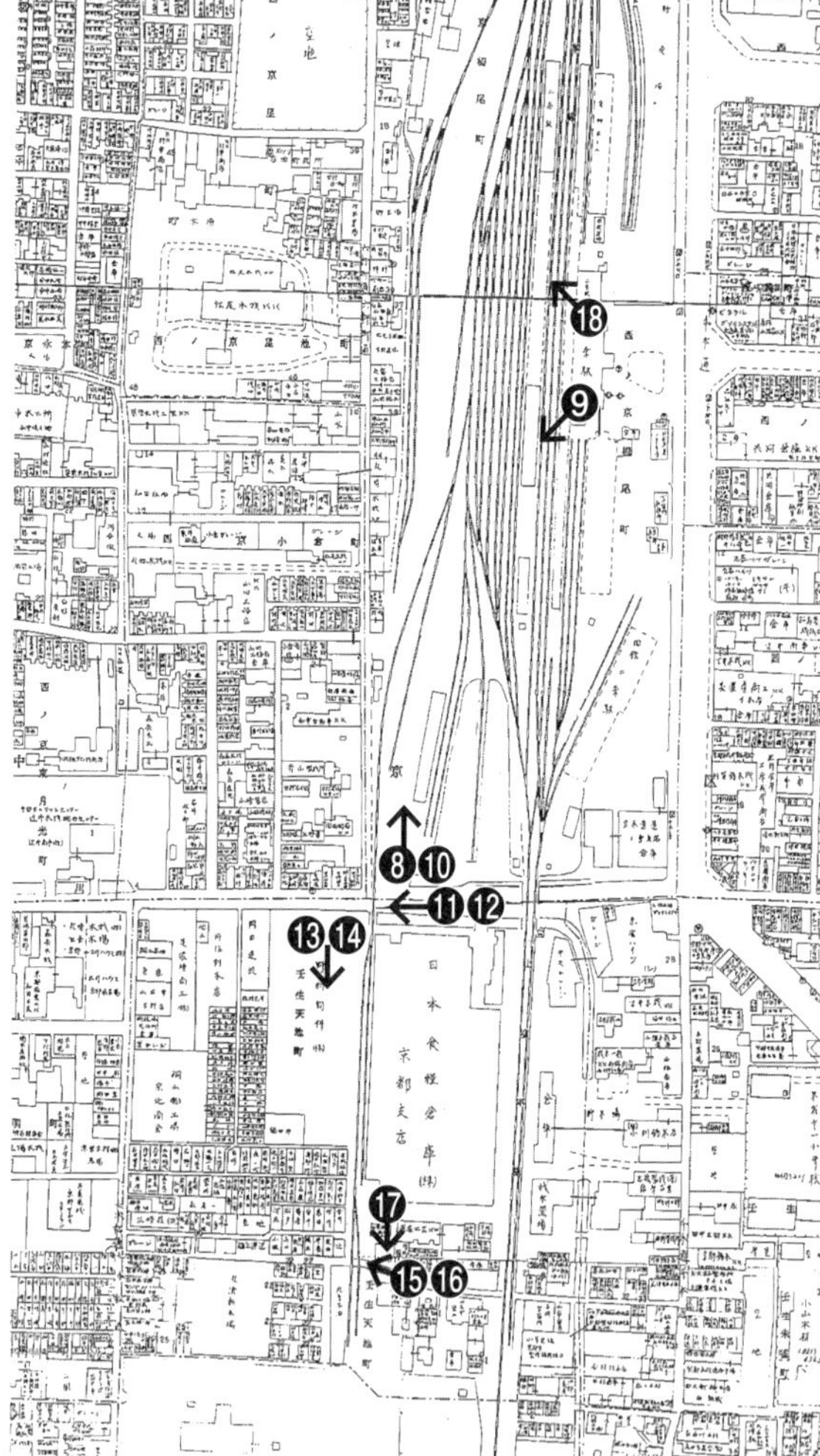

⑬日本食糧倉庫の付近で、かつての四条軍用側線は右側へと分岐していたと思われる。進行中のタンク車が右側に膨らんでいる様子も見て取れる。⑭写真13付近の現在の様子。四条軍用側線の跡は道路に転用されているが、過去の線形をトレースするように、道路がわずかに右へとシフトしている。⑮油槽所はこの左側に存在していた。付近では道路も横切っていたが、特に遮断機もなく、いきなりタンク車が横切っていく印象だった。⑯写真15付近の現在の様子。タンク車の姿がない以外は、ほぼ当時と変わっておらず、左側のブロック塀もそのままで残っていた。⑰かつてここに油槽所があり、四条軍用側線はここから正面右手の日本写真印刷の敷地内へと伸びていた。⑱二条駅の貨物ヤードでは突放が晩年まで行われていた。それに起因する事故がこの側線で起こっていたことを知って驚いた。⑲NISSYA株式会社の本社敷地で北方向を望む。かつての四条軍用側線は、正面中央付近から左手奥の方向へと伸びていた。（地図は複数資料を基に著者が作成）

岐していたものと思われる。専用線が現役であった晩年の写真を見てみると、タンク車の進路が右側に寄っていたことからも、そのことが窺える（写真⓭）。現在では倉庫群のあった位置に高層の集合住宅が建っている。四条軍用側線の廃線跡は道路に転用されているが、その道路がわずかに右側へと膨らんでいるのは、軍用側線時代の線形をトレースしているからだと思われる（写真⓮）。その南側には１９５２年に完成した油槽所があり、四条軍用側線から分岐する形で油槽所への専用線が敷設されていた。この油槽所へ出入りするタンク車が、１９９３年まで四条軍用側線の名残のレールを走っていたわけである。油槽所のすぐ手前では生活道路を渡っていたが、ここには遮断機などもなく、いきなりタンク車が道路を横切っていくような光景が展開されていた（写真⓯）。現在でも付近の光景はほとんど変わっておらず、驚いたことに左側の電柱やブロック塀までがそのままだった（写真⓰）。タンク車が発着していた油槽所は姿を消し、現在では広い駐車場となっていた（写真⓱）。

　四条軍用側線は、油槽所の先ではＮＩＳＳＹＡの敷地内を進み、レールは敷地の北西端に位置したＫＰＣの倉庫まで敷設されていた。このＫＰＣの倉庫は、１９５０年に一部が、そして１９５２年には全部が接収を解かれ、日本食糧倉庫などが借り受けて、側線も引き続き使われたという。

　この側線では、過去に一度大きな事故が起きている。それは１９５４年11月８日に起きたタンク車の逸走事故で、前述の「占領期京都に存在した引込線」によれば、二条駅の貨物ヤードで入換中だった石油類のタンク車が、職員の過失で側線へと逸走したのだ。タンク車は三条通を越えて日本写真印刷の敷地内まで暴走し、倉庫を突っ切って全軸脱線を起こして止まったという。「突放」と呼ばれる作業中に、手動ブレーキを締め損ねた連結手が停止を確認しないまま貨車から離れたことと、転轍手が次の作業を見越してポイントを側線側に開通させていたことが重なった結果であった。水平に整地されたヤードから側線にかけては、10‰の下り勾配がついており、駅構外での逸走距離は４００ｍに及んだ。三条通の無番踏切では遮断機の降下が間に合わず、通行中の女性がタンク車にはねられ、重傷を負っている。事故後、敷地内の側線は遅くとも１９５７年頃までには廃止されたという。

　二条駅構内における突放の作業そのものは、晩年まで続けられており、私も駅のホームから、タンク車が単独で走っていく珍しい光景にカメラを向けていた（写真⓲）。この時は、突放が原因で過去にそのような重大事故が起こっていたことは知る由もなかった。

　最後にＮＩＳＳＹＡの敷地内の現在

の様子であるが、操業中の事業所ということもあり、通常は見せて頂くことができないが、四条通に面した旧本社棟が「NISSYA印刷歴史館」として予約制で見学を受け付けており、その位置から四条軍用側線がかつて敷設されていた方角を遠望することができた。奥のほうに見える白い建物付近をかつての四条軍用側線は横切っており、左奥の建物付近へと達していた（写真⑲）。現在では痕跡などは残っていない。

京都の市街地に軍用側線が存在していたことなど、子供の頃から京都で過ごしていた私でも全く知らなかった事実であり、忘れてはいけない歴史をたどったという意味でも、とても印象深い「裏」巡礼となった。

五 未成線の「裏」

未開業に終わった無念の今福線

戦前と戦後に二度も放棄された無念の未成線

かつての鉄道は、地域の利便性を向上させ、発展を約束してくれる、未来への確実な切符であった。地域の営農に必要な肥料や資材を届けてくれて、収穫した農産物や地域の産品を全国へと届けてくれる、そして通勤通学の日常的な足となり、遠方から親しい人や観光客を連れてきてくれる、鉄道は地域にとって、極めて重要なインフラであった。とりわけ鉄道省や国鉄の手で着工された鉄道への信頼感は大きく、築堤やトンネルが姿を現してくると、開業は揺るぎのないものと捉えられ、あとはいつ開業するのかという点のみに関心は移った。それがまさか、工事が中断してそのまま放置されることなど、誰も夢にも思わなかった。

❶今福線は1933年の旧線と1969年の新線で二度も着工され、鉄道への執念さえ感じさせた。写真は新線の丸原トンネル。

鉄道が斜陽化してその重要性が変わっていったことは、ここで述べるまでもないが、鉄道は赤字を生み続けるお荷物的存在となり、今日では廃線となる路線が相次いでいる。それでも、一度は開業して、施設が有効に活用され、そのポテンシャルを実際に試す機会に恵まれた鉄道は、むしろ幸せなほうだと言える。全国には、開業に至らないまま、建設途中で放棄された「未成線」の残骸があちこちに存在するからだ。その中でトップと言っては失礼かもしれないが、もっとも無念な想いを強いられたと思われるのが、今回「裏」巡礼で訪れた「今福線」であった（写真❶）。その全貌としては、広島と浜田を結ぶ目的で建設されており、そのことから、〝広浜鉄道〟の名称で呼ばれることも多い。その今福線がなぜもっとも無念だったと言えるかについては、戦前と戦後で、旧線と新線の二度にわたって工事が進められながらも、どちらも開業を果たせずに未成線のままで終わってしまったからだ。

　戦前の旧線は、1933年に山陰本線の下府駅から石見今福駅の間の約15㎞で工事が開始された。区間内ではトンネルが12か所、コンクリートアーチ橋が7か所で着工され、その大半が完成したが、太平洋戦争開戦の影響で1940年に工事が中断した（写真❷）。せっかくの路盤もその後の水害で崩壊してしまった。

　戦後の新線は、1969年に工事が開始された。この時の工事は国鉄直轄ではなく、国と国鉄が出資の特殊法人である「日本鉄道建設公団」の手で行われ、完成後に国鉄に引き渡される予定となっていた。公団による建設線の特徴は、トンネルや高架橋を多用して直線的にルートを構築することで、今福線の場合もカーブが多かった旧線区間

今福線・旧線の概要

区間	下府駅～石見今福駅間（約15㎞）
予定駅	下府駅、上府駅、有福駅、下佐野駅、石見今福駅（途中駅は仮称）
工事認可	1933年
施工地	下府、上府、宇野、宇津井、佐野、雲城、今福
工事内容	路盤、トンネル12か所、鉄橋予定12か所、コンクリートアーチ橋7か所
工事中止	1940年

今福線・新線の概要

区間1	浜田駅～石見今福駅間（約12㎞）
工事認可	1969年
施工地	今福、雲城、佐野、高佐
工事内容	路盤、トンネル1か所、橋梁4か所
区間2	浜田駅～三段峡駅間（全線・約54㎞）
予定駅	浜田駅、石見今福駅、旭町駅、徳田駅、波佐駅、芸北駅、橋山駅、三段峡駅（途中駅は仮称）
工事認可	1974年
施工地2-1	旭町（丸原）
工事内容	トンネル2か所、橋梁3か所、
施工地2-2	安芸太田町（川手、松原）
施工内容	トンネル調査坑掘削2か所
工事中止	1980年

の大半が放棄され、新たに浜田駅から石見今福駅へと直結する約12㎞の短絡ルートで工事が着手された。計画では広島県側でも短絡ルートを新設し、広浜鉄道を全長89㎞、平均時速100㎞の高速鉄道として整備し、広島駅から浜田駅までを特急列車が55分で結ぶという夢のようなプロジェクトであった。

　今福線の新線の工事区間では、「下今福橋梁」、「下長屋トンネル」、「第一下府川橋梁」、「第二下府川橋梁」が次々と完成し（写真❸❹）、さらに1974年からは広浜鉄道の全線で工事が開始された。旧旭町内の丸原地内では1976年1月に工事が開始され、「御神本橋梁」、「御神本トンネル」、「寺廻り橋梁」、「白角橋梁」、「丸原トンネル」が1977年3月までに完成した。

　しかし、この頃すでに国鉄の財政は極度に悪化しており、1980年にはついに「日本国有鉄道経営再建促進特別措置法」が成立し、輸送密度が4000人未満の路線は「特定地方交通線」として、廃止や転換の対象となった。全国の建設線でも、開業後の輸送密度が4000人を下回ると予測された路線は原則として工事が凍結されることになり、広浜鉄道も例外ではなかった。その後、工事の凍結が解除されることはついになく、完成していたトンネルや橋梁は、列車が一度も走ることなく放棄されてしまった。

❷旧線の下佐野駅〜有福駅間に建設された千谷橋は、戦時中の鉄材不足で鉄橋が架けられず、コンクリートの橋脚だけが並んでいる。❸新線の今福橋梁は、旧線の路盤に並行して一段高い位置に建設されたが、工事中止により無残な断面を晒している。❹1974年に完成した下長屋トンネルも、列車の通過を一度も経験することなく、50年の年月が経とうとしている。❺新線の第一下府川橋梁は、旧線の4連アーチ橋と並行しており、1か所で2つの未成線が見られるという全国でも珍しい場所となっている。❻おろち泣き橋は、橋の下のある1点に立つと、おろちが泣くような音が聞こえることから名付けられた。❼今福線の新線からも近い美又温泉で宿泊した。1日目は土砂降りだったが、2日目は青空が広がって巡礼日和となった。

丸原トンネルへの「裏」巡礼

それからは歴史の「裏」へと押しやられていた広浜鉄道であったが、再び脚光を浴びるようになったのは、30年近くを経た2008年のことだった。この年に、公益社団法人土木学会によって、「今福線コンクリートアーチ橋群」が選奨土木遺産として認定され、地域の認識が変わった。それからは観光資源としてのポテンシャルが徐々に理解されて浸透し、2015年には浜田市でシンポジウムが開かれるまでになった。遺構を訪ねた人が、次々と画像をSNSにアップしたことで、広浜鉄道の認知はさらに広まっていった。中でも、新線の「第一下府川橋梁」の付近で撮られた画像では、隣に61mもある旧線の4連コンクリートアーチ橋が写り込み、1枚の写真に新旧2本の未成線が収まるという、全国的にも珍しい光景に関心が集まった(写真❺)。

いっぽう、「丸原トンネル」など丸原地内の2つのトンネルと3つの橋梁は、そこから山を隔てた東側に位置していることもあって、対照的にひっそりとしている。せっかく第一下府川橋梁まで来た人でも、丸原トンネルまでは訪問しないで帰ってしまうことも多いようで、広浜鉄道の遺構の中でも、さらに「裏」の存在となっていた。実際、私も下府駅から石見今福駅までの新旧両方の未成線を見て歩いたが、この区間だけでも相当に見応えがあり、もし日帰りで来ていたならば、丸原トンネルまで立ち寄るだけの時間的な余裕はなかったに違いない。そのことは事前に予想がついていたので、私は1日目に今福橋梁までを探訪し、夜は近くにある美又温泉に宿泊、2日目に丸原トンネルなどを探訪することにした。

普段はあまり天気予報など気にしないほうで、自分では勝手に晴れ男だと思い込んでいたが、1日目の巡礼では酷い土砂降りに見舞われた。車のワイパーを最大限に動かしても、前方が見えないほどの大雨で、車から降りるたびに、傘を開いてカメラを守りながら写真を撮り、車内に戻って大急ぎでレンズやボディを拭くということの繰り返しになった。それでも、「第一下府川橋梁」をはじめ、4連のコンクリートアーチ橋である「おろち泣き橋」(写真❻)、「今福第一トンネル」の先に続く橋脚群など、見どころをくまなく巡ってから美又温泉に向かった。ホテルに着いてからも、窓を叩きつけるように雨が降り続いていた。

2日目は、昨日の雨が嘘のように青空が広がった(写真❼)。カーナビを頼りに、丸原工区の入口を探したが、なかなか見つからず、一度行き過ぎた道をまた戻ってきた時、小さな案内看板があるのを発見した。そこから続く上り坂の砂利道が丸原工区への入口だった(写真❽)。丸原工区で完成していいた

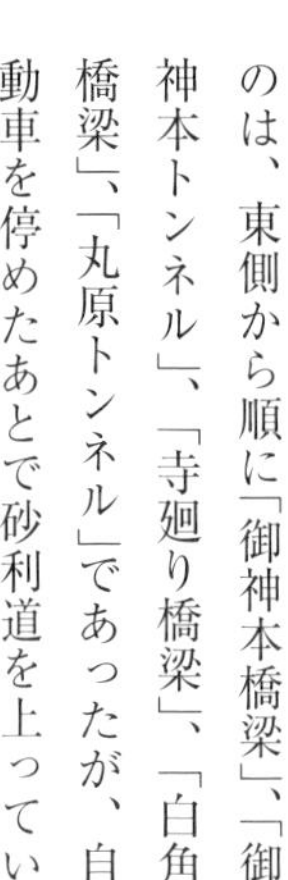

のは、東側から順に「御神本橋梁」、「御神本トンネル」、「寺廻り橋梁」、「白角橋梁」、「丸原トンネル」であったが、自動車を停めたあとで砂利道を上っていくと、寺廻り橋梁の東側付近に出た（写真❾）。そこでまず丸原工区を東側へと歩いて、全長80mの御神本トンネルをくぐり、その先にある御神本橋梁まで行って折り返し、工事終点の「丸原トンネル」まで歩いてみることにした。

丸原工区の施設は、健康ウォーキングのコースとして地元民を中心に見学会が実施された実績もあり、御神本トンネルは確かに歩きやすかった。トンネルの本体は完成していたが、まだバラストは入れられておらず、フラットな路盤のままであったためだ。トンネルの内側はまだコンクリートもきれいな状態で、こんな立派な設備が全く使われないままで放棄されている姿を目の当たりにすると、やはり心が痛んだ（写真❿）。ところが、トンネルを抜けた先に続いていた「御神本橋梁」まで来ると、そこは一面の雑草に覆われており、知らずにこの部分だけを見たとしたら、とても鉄道が通る予定の構造物の上だとは思えなかったに違いない（写真⓫）。両側に鉄製の柵が設けられていたが、そこに生えてきた樹木が柵の一部を取り込むようにして育っていたこ

❽「幻の広浜鉄道今福線　丸原工区　入り口」と書かれた小さな看板。これを見逃してしまうと、延々と迷う羽目になる。❾丸原工区の中ほどに位置する寺廻り橋梁からは、周辺の集落や山並みを一望することができた。❿全長80mの御神本トンネルは1977年の完成で、内側のコンクリートはまだきれいな状態だった。立派な設備が未使用なのが惜しい。⓫御神本橋梁はあたり一面が雑草や樹木に覆われており、とても鉄道用の橋梁の上にいるとは思えない光景が広がっていた。⓬両側に設けられた柵に、樹木が食い込むように生育しており、御神本橋梁の完成から経過した年月の長さを物語る。⓭丸原工区では、寺廻り橋梁からの眺望が最高で、この光景を、通過する列車から見てみたかったとの想いを強くした。

未成線の「裏」巡礼アルバム

1 根北線（北海道）　斜里駅（現：知床斜里駅）～根室標津駅間の約44kmが未成線となり、1939年に完成した第一幾品川橋梁も放棄された。

2 第一幾品川橋梁にはコンクリートを打設した型枠の痕跡がはっきりと残る。これだけの高さを完成させた作業員たちの汗と想いが伝わってくる。

3 戸井線（北海道）　国防上の重要ルートとして1936年に着工されたが、1943年に工事が中断、汐首岬第1陸橋も放棄された。

4 戦後には青函連絡の東ルートとしての活用が検討されたが、西ルートでの建設が決定、風光明媚な汐首岬付近も未成線として終わった。

5 大間線（青森県）やはり国防上の重要ルートとして1937年に着工されたが、1943年に工事が中断、二枚橋橋梁も放棄された。

6 戸井線とともに、青函連絡の東ルートとしての活用も検討されたが実現せず、ほぼ完成していた下風呂駅付近も未成線として終わった。

7 佐久間線（静岡県）　遠江二俣駅（現・天竜二俣駅）～中部天竜駅間の約30kmが未成線となり、二俣川橋梁は橋脚が完成したところで放棄された。

8 山王架道橋は1967年に着工され、1969年に竣工した。現在も完成時の威容を保っている。

9 五新線（奈良県）　五条駅～新宮駅を結ぶ計画のうち、五条駅～阪本駅間の約22kmが未成線として終わり、五條市内では新町高架橋が姿を留める。

10 吉野川の手前ではぷっつりと途切れた高架橋の姿が目を引く。吉野川の中に完成していた橋脚は、治水対策で撤去されて姿を消した。

11 油須原線（福岡県）豊前川崎駅～油須原駅間の約10kmが未成線となったが、導水管埋設を機に610mm軌間のトロッコ用レールが敷設された。

12 本村跨線橋には「油須原線」の銘板が取り付けられていた。前方には野原越トンネルがあり、トロッコ車両の車庫として活用されている。

とが印象的だった（写真⓬）。御神本橋梁の先で工事の痕跡は途切れており、そこで折り返した。

御神本トンネルの西側坑口を抜けると、今度はその先に続く丸原工区を西側へと歩いてみた。寺廻り橋梁の上からは、辺りの景色を一望することができた。下のほうを走る県道や、点在する民家を望むことができ、この光景を列車の車窓から見てみたかったという想いを強くした（写真⓭）。その先では路盤の真ん中から木が生えて行く手を遮っており、白角橋梁の先もジャングルのように草木が生い茂っていた（写真⓮）。丸原工区で一番西側にあるのが全長１２０ｍの丸原トンネルで、やはり先ほどの御神本トンネルと同様、内部のコンクリートはきれいなままだった（写真⓯）。トンネルを抜けた先は手つかずの森が広がっており、工事の痕跡はここで終わっていた（写真⓰）。

先ほどの砂利道を下って、県道を挟んで向こう側の坂道を上がってみた。一面の美しい緑の山の中に、「寺回り橋梁」と「白角橋梁」が横切っている姿が見えた。これだけ頑丈そうな橋梁が、一度も使われないままで放置されている、その無念さがしみじみと実感された（写真⓱）。

しかし、この丸原工区へのアプローチは、さきほど往復したあの細い砂利道しかなく、活用したいと思っても、その用途は自ずと限られてしまうことも理解できた。広島と浜田との間には、１９９１年に高速自動車道が開通し、高速バスが往復するいまとなっては、残念ながら広浜鉄道が歴史の表舞台に出る可能性はなさそうだ。特に丸原工区の施設は、このまま歴史の「裏」でひっそりと在り続けることになりそうだ。

⓮その先では路盤の真ん中から木が生えて行く手を遮っていた。⓯丸原トンネルもやはり先ほどの御神本トンネルと同様、内部のコンクリートはきれいなままだった。⓰トンネルを抜けた先では、第一下府川橋梁などと繋がるはずだった。⓱一面の美しい緑の山の中に、「寺回り橋梁」と「白角橋梁」が横切っている姿が見え、私にはこの光景が一番無念に思えた。

六 鉄道資料館の「裏」

見逃されがちな展示物たち

新潟とのゆかりにこだわった展示物

全国の交通系資料館や博物館には、それぞれに目玉となるコレクションや展示物が並んでいるが、順路に沿って目玉を巡るだけで満ち足りてしまい、そこで力尽きてしまったという経験は一度や二度ではない。その結果、「裏」にひっそりと展示してあった貴重な文化財を見逃してしまったことをあとで知り、大いに後悔するなどといったこともたびたび起こる。

新潟市秋葉区にある新津鉄道資料館も、そんな満足が必至の資料館で、しかも「裏」には見逃したくない展示物がしっかりと存在している。まずエントランス部では、蒸気機関車のC57形と新幹線車両の200系が並んで出迎えている（写真❶）。日本の蒸気機関車の中でも完成された機能美で知られるC57形と、新潟に初めて新幹線網を到来させた200系が肩を並べた光景は、まさに象徴的であった。C57形のほうは全検直後のように美しく、200系のほうは昨日まで走っていたかのように現役当時の汚れを残している点も興味深かった。

❶新津鉄道資料館のエントランスでは、現役当時そのままの200系新幹線と、美しく再塗装されたC57 19が出迎える。

館内の展示も、蒸気機関車に取り付けられていたお召列車の装備から、SLばんえつ物語号のヘッドマーク、新潟や近県の駅名が登場する行先表示板までが幅広く展示されており、新潟とのゆかりを大事にしたコンセプトがしっかりと伝わってくる（写真❷❸）。

そんな中で異色だったのが保線用のモーターカーだ（写真❹）。扉には「新津保線区」としっかり標記がなされているので、新潟とのゆかりは間違いないが、保線分野の展示物をここまで手厚くしているケースは珍しく、それも決して小さくないモーターカーを1両丸ごと収蔵していることは特筆に値する。

予想外のところで個人的に熱中してしまったのがシミュレーターで、映像が普段利用する中央本線のものであったことに加え、映像に登場する車両が

❷館内では、SLばんえつ物語号や、さようなら急行佐渡号のヘッドマークなど、新潟にゆかりのある展示物が精力的に集められている。❸白地のサボに書かれた信越本線や北陸本線の数々の駅名が、当時の長距離運用の様子を物語る。❹保線用モーターカーを屋内展示しているケースは少なく、整備状況も良好で貴重な存在となっている。❺大きな屋根に守られた屋外展示場には、手前から順に、新幹線E4系、115系電車、新幹線軌道確認車GA-100、DD14形、485系電車が並ぶ。❻建物の裏側にひっそりと菱形のパンタグラフが6基も並んでいるが、実はいずれも貴重なものばかりである。❼手前が在来線用のPS16J形、その奥が新幹線用のPS9020X形であるが、新幹線用は在来線用のものよりも圧倒的に小さいことがわかる。❽東海道新幹線の0系に採用されていたPS200形が、はるばる新潟まで運ばれて展示されている。これは凄いことである。❾PS200形の銘板には「製造年月　39.2」の刻印があり、東海道新幹線開業時に使用が開始された1次車または2次車のものの可能性が高い。

2010年に引退した201系電車であったためで、懐かしの走行シーンを追体験できる幸せなひと時に、どっぷりと浸ってしまった。

館内を一巡して屋外の展示場へと足を進めると、大きな屋根の下に、除雪用ディーゼル機関車のDD14形や、2階建新幹線車両のE4系、近年まで長きに渡って活躍していた115系電車など、やはり新潟とのゆかりにこだわった展示車両が並べられていた(写真❺)。大切な車両が全部なくなってから慌てるのではなく、新潟の鉄道史にとって欠くことのできない車両は、引退から間髪入れずに収蔵して、これだけのコレクションを完成させたわけであるから敬服するほかない。展示車両にカメラを向けていると、ついついシャッターを切る回数も多くなってしまった。

冒頭でも記した通りで、ここまで充実した展示車両やコレクションを丹念に見ていくうちに、すっかり満ち足りてしまい、もう引き揚げてもいいかなという気にもなる。しかし、それだと建物の「裏」にある、貴重なコレクションを見逃してしまうことになるのだ。

新津鉄道資料館のパンタコレクション

新津鉄道資料館に展示されているパンタグラフの素性を知ることができる銘板の記載内容のうち、読み取ることができたのは下記の通りである。

①PS16形 製造番号1089 製造年月46-3 工進精工所
②PS16J形 製造番号49126 製造年月53-9 工進精工所
③PS200形 製造番号340786　製造年月39-2 川崎電機製造株式会社
④PS9020X形 製造番号C-54598　製造年月1979-3 東洋電機製造株式会社
⑤PS9020X形 製造番号002　製造年月1979-4 工進精工所

「裏」の展示物こそがスゴイ

その「裏」にある貴重なコレクションとは、電車のパンタグラフ群のことだ。パンタグラフは、電車にとって不可欠な最重要パーツであるが、屋根の上に取り付けられているため、間近で見る機会はほとんどなく、それも複数が横並びで展示されている例は非常に珍しい（写真❻）。

パンタグラフには、大きく分けて、従来からある菱形のものと、近年主流になりつつあるシングルアームのものとがあるが、ここには菱形のパンタグラフ、略して〝菱パン〟ばかりがズラズラと6基も並んでいる。そのおかげで、パンタグラフにもサイズや形に多彩なバリエーションがあることに気づかされる。それこそがこの展示の真髄であろう。

パンタグラフの展示では、新幹線用と在来線用の両方が並んでいたのだが、改めて実感したのは、新幹線用のもののほうが、在来線用よりも圧倒的に小さいことだった（写真❼）。その理由は単純明快で、空気抵抗を少しでも小さくして、高速走行する際の騒音を減らすためだった。近年、シングルアームのパンタグラフが主流になってきているのも、ひとつには騒音低減に効果的だからであるという。鉄道が高速化するにしたがって、次第にパンタグラフが発する騒音が無視できないレベルとなり、高速化の可否を決定づける要因は、走行性能やブレーキ性能よりも、騒音を環境基準以下に抑えられるかどうかのほうが大きくなってきている。ここに並んでいるパンタグラフのラインナップを見ていると、開発のプロたちが苦労して取り組んで来た道のりが実感され、「パンタグラフは集電さえできれば…」などとうっかり口走ることはできなくなる。

改めて同館に展示されているパンタ

グラフのバリエーションを見てみると、解説板こそないものの、大半のパンタグラフに銘板が残っており、これらこそが大切な手がかりとなるため、1点ずつカメラに収めながら歩いた。

それにしても、見事な「裏」っぷりである。ここへのアプローチには、建物の一階から外へ出て、そこからぐるりと建物の「裏」へと回り込む必要があるのだが、建物を出た正面には200系新幹線と蒸気機関車のC57形が並んでおり、自然とこれらの展示車両のほうに吸い寄せられてしまう。パンタグラフのコレクションに到達するためには、それらにくるりと背を向けて進まなければならないのだ。さらに惜しいことに、パンタグラフはすべて折り畳まれた状態で展示されているので、余計に気づかれにくくなっている。

ところで、私にとって新津鉄道資料館の巡礼はこれで3回目となるのだが、前回と違って、少し心配しながらの巡礼であった。その理由は、前回の巡礼以降に大幅なリニューアルが実施されたからだ。建物の「裏」にある地味な展示物が姿を消してしまったりしていないか、その安否確認も巡礼の目的のひとつであった。

幸いにも、パンタグラフのコレクションをはじめ、いずれの展示物も無事で、大いに安堵した。ただ、リニューアル後も、相変わらずパンタグラフたちには解説板なども取り付けられておらず、以前と少しも変わらない「裏」っぷりに、少し複雑な想いも抱いた。

パンタグラフのコレクションの詳細については、欄外コラムにまとめたので、併せてご参照頂きたいのだが、これらの中で私がまず声を大にしてお伝えしたいのが、PS200形が存在することだ(写真❽)。PS200形は、東海道新幹線の0系に採用されたもの

⑩さらに貴重であるのが、東北・上越新幹線の開業に向けた各種試験に供された962形が装着していたPS9020X形だ。⑪銘板からは、「製造年月1979-3」などの文字が読み取れる。962形は現存しておらず、このパンタグラフは貴重な忘れ形見だ。⑫PS16形は、国鉄で新性能電車の標準集電装置として幅広く採用され、新潟地区で最後まで活躍した115系にも採用されていた。⑬JR東日本では最後となっていた新潟エリアでの115系の定期運用が2022年で終了し、先に引退していたクモハ115-1061が保存された。⑭PS16J形は、耐寒性能を上げるためにバネカバーを取り付けたバージョンとなっている。

だったが、製造年月が昭和39年2月、つまり開業の8か月前であったのだ（写真❾）。それはすなわち、このパンタグラフは開業時に使用が開始された1次車または2次車のいずれかが装着していたものの可能性が高いということだ。当時は世界初の高速鉄道であったから、その記念すべきパンタグラフということになる。新潟で0系新幹線が走ったことはないため、当地の関係者がわざわざここまで運び入れたものということになる。私はそのことに大いに感銘を受けたのだが、多くの人は、その凄さに気づくことなく素通りしてしまったに違いない。

驚きはそれで終わりではなかった。さらに凄かったのが、次のPS9020X形だった（写真❿）。9000番台が付番されるのはテスト段階の試作のものであることが多く、末尾に「X」まで付けられているので、只者ではないことは容易に想像がついた（写真⓫）。このパンタグラフは、東北・上越新幹線の開業に先駆けて各種試験用に製造された「962形」に取り付けられていたものだった。開業前の試験電車には、961形と、この962形の各1編成が存在していたのだが、961形のほうは東海道新幹線から移ってきた、いわば使い回しの車両であったのに対し、962形は東北・上越新幹線のために製造された純粋な新車で、のちの営業用量産車である200形の先行試作車という位置づけでもあった。なお、PS9020X形について、技術書から読み取ることのできた詳細は欄外コラムにまとめた。

その962形は、引退後にはすべて解体されて姿を消してしまっており、このパンタグラフはその忘れ形見という意味も持ち合わせている。新潟の地にとって、まさにかけがえのないパンタグラフであり、解体のタイミングに合わせて引き取ってきたものと想像されるが、よくぞ確保して今日まで継承して来られたものだと再び感銘を受けた。前述のPS200形ともども、これらの意義深いパンタグラフを見逃して帰ってしまったとしたら、実に悔やまれることになるのだ。

PS9020X形が開発された「裏」

新幹線用のパンタグラフとしては、東海道新幹線用にPS200形がすでに実用化されており、騒音を軽減するため、下枠交叉型として小型化され、凹凸の少ない形状が採用されていた。このPS9020形が新たに開発された目的は、高速集電性能の向上、電波障害対策、破損検知装置の設置、そして寒冷地対策にあった。当時の技術書によれば、高速集電性能の向上のために、パンタグラフのすり板体を単独動作可能とした三元系ばね機構を採用し、電波雑音を減少させるため台枠をFRP製とした。また異常検知時にパンタグラフを緊急降下させる破損検知装置を搭載した。

言及する順番としては最後になってしまったが、展示されていたパンタグラフの中で、もっとも身近というべき存在がＰＳ16形だ（写真⓬）。このタイプは新潟地区で長らく主役として活躍した115系電車でも採用されていた（写真⓭）。その派生タイプであるＰＳ16Ｊ形は、耐寒性能を上げるためにバネカバーを取り付けたバージョンであった（写真⓮）。

〝菱パン〟ばかりがズラズラと6基も並べられているのが第一印象であったが、実はなかなか選りすぐられたものだったことが改めてわかった。この先、これだけの〝菱パン〟を揃えることは事実上不可能であろう。このようにとても貴重なコレクションであるが、無事にその前にまでたどり着いて、銘板を見て、その素性を理解できた人にだけ、特別の輝きを見せてくれる秘宝のようであった。それはそれで、巡礼の魅力でもあると言えるのだが、その「裏」に秘められた、新幹線を安全に高速走行させるために心血を注いだ技術者の情熱や、このパンタグラフを次世代に伝えたいと保存活動に尽力された当時の関係者の想いを考えると、いつまでもこのままの「裏」っぷりで良いのか、ちょっと悩ましいところである。

七 鉄道公園の「裏」

私設公園の開園から閉園まで

❶北陸本線を望む高台の土地で、大井川鐵道から購入した無蓋車を整備し、「新疋田ミニ鉄道公園」として一般公開した。

事の始まりは、〝鉄道見晴らし別荘〟

この文章を書いている今日は、自らの手で開園させた、小さな鉄道公園にとっての節目の日となった。公園内に保管していた最後の鉄道遺産が旅立ってゆき、公園としての使命を完全に終えたからであった。

使命を完全に終えた小さな鉄道公園というのは、福井県敦賀市の新疋田駅の近くに設けた「新疋田ミニ鉄道公園」のことだ（写真❶）。実を申せば、最初から鉄道公園を作ろうと思って取り組んでいたわけではなく、始まりは鉄道の見晴らしが良い別荘を作りたいと思ったことだった。北陸本線を見渡せる高台の土地を購入し、そこに車掌車「ヨ５０００形」の車体を置いて自分で再塗装し、〝鉄道見晴らし別荘〟を実現するところまでは無事に到達した。

　決して大きくはなかったこの土地だが、自らの意思で使い方が決められる場所を持っていることは、実に心強いことだということを繰り返し実感させて貰った。ある時、ボランティア団体で所有していたレトロな国鉄コンテナ「C10形」が、それまでの保管場所から撤去を求められて困った際、この場所に受け入れてしばらく預かることを実現できた(写真❷)。

　ここを鉄道公園にしようと思い立ったのも、やはり困り事があったことがきっかけだった。大井川鐵道の貴重な無蓋車「ト111」が解体の危機に直面し、ひとまず私個人で買い取る形にしたのだが、その置き場所を確保することが非常に困難だったのだ。貴重な車両だったので、どこかの施設に展示用として寄贈させて貰おうと考えていたのだが、打診したすべての施設から断りの返事を受け取ってしまった。輸送費を私のほうで全額負担すると申し出ても、それでも話は前に進まなかった。いよいよ切羽詰まってきて、どうしようと思い悩んだ時、〝鉄道見晴らし別荘〟の場所を整地して置こうと思い至った。なぜ最初からここを考えなかったかといえば、長らく非公開の場所としていたため、せっかくの無蓋車を持って来ても、多くの人に見て貰えないという欠点があったからだった。ならば、ここで見て貰えるように、私設の鉄道公園にして公開してしまえばいいと発想を変えたのだ。

整地工事は無蓋車到着の1週間前！

　幸い、預かっていた国鉄コンテナも、〝鉄道見晴らし別荘〟として搬入した車掌車の車体も、それぞれ新天地へと移転したあとだったので、場所そのものは空いていた。ただ、これまでは非公開が前提だったので、敷地の一角には草木が生い茂り、地面も平坦ではなかった。鉄道公園として公開するとなれば、まずは土地の整地から行う必要があった。しかし、各地の施設からの回答をギリギリまで待ったために、無蓋車を大井川鐵道から搬出する期限まで、残

❷小さな土地ではあったが、国鉄コンテナのピンチを救ったこともあった。右に見えているのが車掌車の車体を使った“鉄道見晴らし別荘”。❸無蓋車の到着まで1週間と迫った時点でも、まだ荒れ放題の状態だったが、建設会社の社長自ら重機を繰って整地を進めて下さった。❹朝には荒れ放題であった敷地が、夕方には見事に整っていた。レールの敷設までは間に合わなかったため、コンクリートの溝蓋で代用した。

された時間はわずかになっていた。もっと早くに他力本願を諦めて、自力で鉄道公園を作ろうと決断するべきだった。もはや時間がほとんどない中で、頼れる人はたった1人しかいなかった。勤めていたクリニックの施工を担当して下さった、建設会社の社長だった。無理を承知でご相談すると、即決で引き受けて下さり、部下1人を伴って、自らダンプカーを運転して現地まで来て下さった。2016年8月22日、朝にはまだ草木に覆われて地面はほとんど見えていなかった(写真❸)。しかし、夕方には、砕石を敷き詰めた美しい状態へと変貌していた(写真❹)。砕石の下には防草シートまで敷いて下さった。社長は私のピンチを救って下さったのみならず、何と、整地に要した代金を受け取ろうとはされなかった。それではいくら何でも申し訳ないと、何度も受け取って欲しいとお願いしたのだが、最後まで受け取られることはなかった。社長の男気を、そのまま有り難く頂戴することにした。

　それから1週間後の2016年8月29日、大井川鐵道・新金谷駅近くの通称・大代川側線では、ボロボロの状態の無蓋車・ト111を吊り上げる作業が朝から開始されていた(写真❺)。本来は黒色に塗装されていたのだが、長年の放置ですっかり塗料が剥げてサビに覆われてしまい、木の床も腐り落ちて、空が見えている状態であった。無事にトラックへの積み付けが終わると、東名高速道路を西へと急いだ(写真❻)。当日のうちに福井県敦賀市まで運んで、

❺サビだらけで、床も抜け落ち、空が見えている状態のト111だったが、解体寸前のところで救出に成功した。❻レールから離れてトラックに載せられ、高速道路上を走っていくことは、ト111にとってはもちろん初めてのことだった。❼福井県敦賀市に到着した時には雨模様となっていたが、作業は着々と進んだ。その模様を番組制作会社のディレクターがカメラで追った。❽ト111の整備では福井県敦賀市まで通って、錆落としと再塗装の作業を急いだ。現地には電源がないため、すべて手作業となった。❾大井川鐵道のト111の標記を「ト27409」としたのは、滅失した日本初の鋼製無蓋車「ト20000形」の姿を再現するためだった。❿すべてが仕上がったのは、新疋田ミニ鉄道公園の開園わずか1週間前だった。朽ちて抜けていた床も、プロの手で新調された。

ト111を据え付けるためだった。積み付けの時には青空も見えていたのだが、西に進むにしたがって雲が厚く垂れ込め、福井県敦賀市の現地に到着した時には雨が降っていた。それでも取り卸し作業は滞りなく進行し、無蓋車の救出劇は無事に終了した（写真❼）。

いよいよ「新疋田ミニ鉄道公園」がオープン

搬入後からまもなく、私はプレスリリースを作成して、マスコミ各社に発送を行った。公園の名称を「新疋田ミニ鉄道公園」と定めて、その開園日を2016年10月30日とする、という内容だった。開園日は、搬入からわずか2か月先の日程だったが、なぜこんなに急いだかといえば、福井県敦賀市は積雪の多いところであり、厳冬期に掛かると、一般公開が翌年の春までずれ込んでしまうためだった。

もう開園日を公表してしまったので、あとは当日までにト111の整備を間に合わせるしかない。当時住んでいた滋賀県甲賀市から福井県敦賀市まで通って、錆落としと再塗装の作業を急いだ（写真❽）。腐朽して抜けていた床は、さすがに素人の私では復元は無理だと判断し、プロに新調をお願いした。標記についても、腕に覚えのある方に仕上げて頂いた。大井川鐵道のト111は、日本初の鋼製無蓋車「ト20000形」とほぼ同一設計で、オリジナルのト20000形はすでに現存するものがなかったことから、それを再現することにした。同形のラストナンバー車であるト27408に続く幻の車号として、「ト27409」とした（写真❾）。すべてが仕上がったのは2016年10月24日で、新疋田ミニ鉄道公園の開園1週間前であった（写真❿）。

2016年10月30日の開園当日は天候にも恵まれ、近在の親子連れのほか、遠方を含む鉄道愛好家が午前中から次々と足を運んで下さった（写真⓫）。小さな敷地に展示車両が1両だけという、実にささやかな鉄道公園ではあったが、あわや解体だった無蓋車をきれいな姿に戻して、一般公開にまでこぎ着けられたことに、安堵と満足で一杯だった。この新疋田ミニ鉄道公園は、高台にあって見晴らしが良いことが特長のひとつだったが、敷地の奥側は高い崖地となっていたため、常時開放にしてしまうと、夜間などに転落の恐れがあった。私が常駐することも不可能であったため、一般公開を年1回と定め、それ以外の日は敷地外の道路から見て頂くことにした。そもそも公園の敷地が狭いため、ト27409を撮影しようにも、公園内だと近すぎて全体像がカメラに収まらない。むしろ道路から撮ったほうが、全体像がきれいに収まった。

その分、年1回の一般公開の日には、普段は味わえない至近距離で、ト27

409に親しんで貰おうと考えた。開園2年目の一般公開日となった2017年9月10日には、来園者にアオリ戸の開閉を体験していただいた。実はト20000形のアオリ戸は、鋼製で頑丈となった反面、非常に重くなり、当時の荷役の現場では不評だったという。その感覚を実際に体感するための企画だった。大人10人がかりで挑んで貰ったが、それでもアオリ戸を閉める作業はスムーズとはいかなかった（写真⓬）。ヘルメットを持参下さった方には、床下も自由にご覧頂くことにした。ミニマムな鉄道公園ではあったが、来場者が満足できるよう、他では味わえないコアな内容の提供を心掛けた。

“主役”が日本一を目指して群馬県へ

新疋田ミニ鉄道公園における一般公開は、この2年目の公開が最後となった。その理由は、公園の唯一の展示車両であるト27409が、群馬県中之条町に貰われていくことになったからだ。中之条町からは、ト27409を譲って欲しいというラブコールが、知人を通じて一度ならず私の元に届いていた。当初はお貸しするだけならば可能とお答えしていたのだが、その後も寄せられる熱意に「きっと大事にして頂けるはず」と、ト27409の将来を考えて差し上げることを決意した。もとより、個人での保存では必ずいつか終焉が来てしまう。公共の場所での保存は当初から望んでいたことであった。

ところで、中之条町でト27409を必要とされた理由については、それは町内の旧太子駅で展示することが目的だった。かつての太子駅は、群馬鉄山から産出された鉄鉱石の積み出し駅であり、その輸送のために無蓋車が活躍したからだった。群馬鉄山は、戦時中の1943年に、金属資源の不足を解消する目的で開発計画が始動、その搬出のための鉄道建設が進められた。1945年1月2日には、渋川駅から長野原駅（現・長野原草津口駅）までの42・2㎞の長野原線（現・吾妻線）と、その先の5・7㎞（のちに5・8㎞に改キロ）の日本鋼管群馬鉄山専用線が同時に開業した。これらすべてが当初は貨物専用として開業したことからも、いかに群馬鉄山の存在が重要であったかが理解できる。遅れること半年の同年8月5日に渋川駅から中之条駅までの旅客営業が始められ、同年11月20日には中之条駅から岩島駅まで、そして1946年4月20日になってようやく長野原駅までの旅客営業が始められた。

その先の日本鋼管群馬鉄山専用線も、引き続き使用が続けられた。戦時中に急ぎで開発された金属鉱山は、戦後に海外からの鉱石が輸入されるようになると、品質や量、価格面で太刀打ちできずに閉山するところが多かったが、群馬鉄山の場合は鉱床の規模が非常に大きく、戦後になっても露天掘りによる採掘が続けられ、京浜地区への発送が続けられたためだ(写真⑬)。1952年10月1日には、日本鋼管群馬鉄山専用線が国鉄へと移管され、長野原線の一部に編入されて太子駅が貨物駅として正式に開業した。1961年9月1日には長野原駅と太子駅との間で旅客営業も始められた。ところが、肝心の群馬鉄山の資源が枯渇してしまい、1965年に採掘を停止、せっかく始められた旅客営業も、1970年11月1日には休止となり、翌年の5月1日には長野原駅と太子駅の間の路線そのものが廃止となってしまった。

鉱石積み出し用のホッパーのコンクリート基礎部分や、旅客を扱った1面2線のホームなどは、半ば土に埋まったような状態で放置されていたが、その存在が再びクローズアップされるようになり、2013年には駅名標が復元され、2014年からは、土の下に

⑪2016年10月30日、無事に開園の日を迎え、解体寸前だった無蓋車は来園者に美しい姿を披露した。⑫2回目の一般公開は2017年9月10日に実施し、来園者にはアオリ戸の開閉を体験して頂いた。⑬大規模な鉱床を誇った群馬鉄山は1965年まで操業し、その跡地はチャツボミゴケ公園として公開されている。⑭群馬鉄山からの鉱石を貨車に積み込んでいたホッパーは、土の中から掘り起こされて再び姿を現した。⑮往時のホームに接して駅舎が復元され、レールも敷設されたが、展示する無蓋車がないことが課題となっていた。⑯旧太子駅に展示された無蓋車の第一号は、茨城県のひたちなか海浜鉄道の「トラ15」で、2018年11月に搬入された。

群馬鉄山を造ったのはコケ?

群馬鉄山の鉱床は非常に規模が大きかったことを述べたが、この大規模な鉱床を形成したのは、実は「チャツボミゴケ」と呼ばれるコケの1種と、鉄バクテリアの働きによったという。この付近は草津白根山の噴火活動で生じた「穴地獄」と呼ばれるスリ鉢状の地形となっており、そこに湧き出している鉱泉に鉄イオンなどが多く含まれている。チャツボミゴケや鉄バクテリアは、その鉄イオンでエネルギーを得て生育し、体内に蓄積した鉄などは死骸となって蓄積、1万年以上の長い時間をかけて褐鉄鉱の鉱床ができあがったのだという。

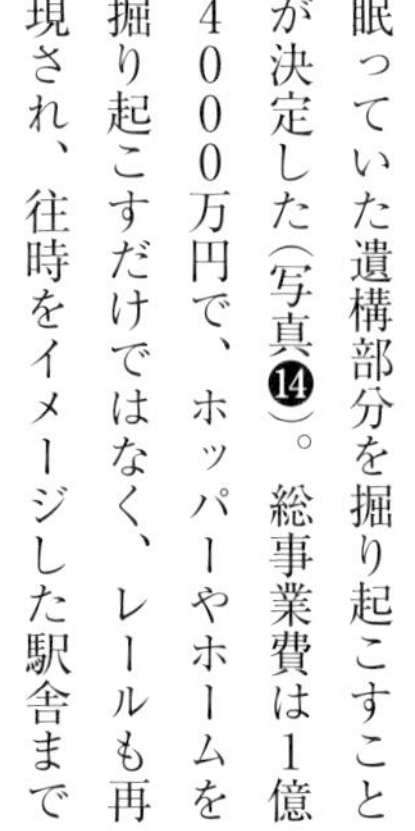

眠っていた遺構部分を掘り起こすことが決定した（写真⑭）。総事業費は1億4000万円で、ホッパーやホームを掘り起こすだけではなく、レールも再現され、往時をイメージした駅舎まで復元されて、2018年には一般公開が開始された。これだけの規模で復元が行われたので、来場者にこの場所で活躍していた無蓋車の姿を見て貰いたいとの想いは、至極当然であった（写真⑮）。ただ、この時点では無蓋車はまだ入手できておらず、代わりに大井川鐵道井川線の有蓋緩急車であるワフ2とワフ3が展示された。

せっかくならば「日本一」に

私も、ト27409を必要とされる事情がよく理解できたので、無償でお譲りすることを決意した。ちょうどその頃、2018年8月には、茨城県のひたちなか海浜鉄道で、使われなくなった無蓋車の「トラ15」の貰い手を探されているという情報が入ってきた。そちらの情報も中之条町にお届けしたところ、同年10月にはぜひ貰い受けたいとの回答が届いた。同年11月には早くも旧太子駅へと搬入、トラ15が最初に収蔵された無蓋車となった（写真⑯）。

ト27409のほうも無事に交渉がまとまり、2年半にわたった新疋田ミニ鉄道公園での展示を終了、2019年3月24日に旅立っていった（写真⑰）。翌日には旧太子駅に到着、トラ15の隣へと取り卸された（写真⑱）。この時、中之条町にひとつの提案をさせていただいた。それは、せっかく2両目の無蓋車が収蔵されたので、いっそのこと、「日本一の無蓋車公園」を目指してはどうだろうというものであった。

無蓋車は、鉱石のほかにも木材や各種工業原料、工業製品などの運搬で国土の発展に貢献してきたが、縁の下の力持ちといった存在で、これまであまり脚光を浴びることはなかった。鉄道

⑰新疋田ミニ鉄道公園のト27409も、群馬県中之条町からのラブコールを受けて、2019年3月24日に旅立っていった。⑱翌日には旧太子駅に到着、先に搬入されていた、ひたちなか海浜鉄道のトラ15の隣へと取り卸された。⑲三池炭鉱専用鉄道で使われていたハト37と152は、明治～大正期に作られた現存最古級の可能性があったが、荒れた姿となっていた。⑳静岡鉄道からはト20が2021年に到着、ボランティアの方々によって錆転換処理、塗装、表記までが実施されて美しい姿が甦った。㉑6両目の収蔵となった国鉄トラ45000形は2021年に四国から到着、国鉄制式無蓋車が加わったことで充実度が一段と高まった。

関連の博物館や公園などで展示されることはあっても、あくまでも機関車を引き立たせるための添え物程度の扱いであることが多かった。すでに現役の無蓋車はほんのわずかしか残っておらず、引退後に保管されているものまでを含めても、風前の灯といったような状態だった。このタイミングを逃せば、のちに無蓋車を集めようとしても、現物が存在していないという日が遠からず訪れることが予想された。

時期は前後するが、2015年7月には、「明治日本の産業革命遺産　製鉄・製鋼、造船、石炭産業」が世界遺産に登録され、福岡県大牟田市の三池炭鉱もその対象となった。三池炭鉱では無蓋車も活躍しており、朽ち果てる寸前ではあったが、奇跡的にハト37とハト152の2両の無蓋車が現存していた(写真⑲)。そのことを関係者に連絡して、ぜひ無蓋車の保存を検討して頂きたいと、その歴史的価値が高い点などをアピールした提案書を作成して提出したのだが、残念ながらリアクションを頂けないままで時間だけが経過していた。

そこで思い切って中之条町にこのハト37とハト152のことをお伝えしたところ、保存について前向きな回答が得られた。所有していた三井化学株式会社のご理解もあって、その後無事に中之条町への無償譲渡が決まり、2020年3月24日に旧太子駅へ向けて搬送が行われた。

2021年7月13日には、第2章でご紹介した静岡鉄道のト20も旧太子駅に到着、同年7月31日～8月1日には、ボランティアの方々が早くも第1回の整備作業を実施された。2日間の作業でケレンや錆転換処理、塗装、表記までを完成され、見違えるように美しい姿が甦った(写真⑳)。整備作業は2022年10月29～30日にも第2回が実施され、足回りの整備と塗装、注油などが行われて整備は完了した。

このト20が搬入された時点で、無蓋車の展示両数は5両となり、旧太子駅は当初の目標であった、「日本一の無蓋車公園」の称号を手にすることができた。さらに2022年3月19日には、これを更新する6両目となる無蓋車が四国より搬入された。6両目となったのは、戦後の国鉄を代表する無蓋車のひとつで、製造両数が8184両にも達したトラ45000形51862だった(写真㉑)。このトラ51862が搬入されたことに、さっそくSNSでは驚きの声が上がった。その理由は、ほとんどその存在が知られていなかったトラ51862が急に世の中に現れたことにあった。なぜ知られていなかったかと言えば、約40年前に営業の第一線から退き、職員のための教材となっていたからだった。

このトラ45000形が旧太子駅に収蔵されたことの意義は、日本一の称号を更新したこと以上に、長野原線、吾妻線にも入線実績のある形式であったことが大きかった。トラ45000形の製造時期は1960年から1963年にかけてで、旧太子駅の貨物運輸営業は1966年まで行われていたので、トラ45000形が実際に入線していた可能性も考えられた。初めて国鉄の制式無蓋車を収蔵できた点も大きく、日本一の称号に恥じないだけの陣容が揃うこととなった。

アメリカ大陸横断鉄道の台車がやってきた?!

さて、新疋田ミニ鉄道公園のほうは、ト27409を旧太子駅へと送り出したことで、〝主役〟のいない空き地に戻るはずだった。ところが、この同じ日に、別の鉄道遺産が新疋田ミニ鉄道公園に到着した。それはアメリカ大陸横断鉄道向けに製造された貨車の台車であった(写真㉒)。

この台車は、アメリカにおける、道路と鉄道の一貫輸送を実現したDMT(デュアルモードトレーラー)用のもので、ゴムタイヤを履いたトレーラーが駅に到着すると、この鉄道用台車を装着して、そのまま貨物列車に連結することができた。アメリカでは、大陸横断鉄道に代表される約14万マイルの鉄道網が形成されており、このデュアルモードと呼ばれる一貫輸送を含めると、約4割のシェアを鉄道が占めているほどなのだ。

そのような台車が、なぜ国内に存在するかといえば、日本においてもデュアルモードの導入が検討されたことがあったためだ。2008年に、滋賀県米原市で「次世代型グリーン物流その現状と展望 DMTⅡ発足シンポジウム&デモンストレーション」が開催され、そのデモンストレーション用としてこの台車が輸入されたのだ。この時輸入されたものには、この台車のほかに、トレーラーもあったが、新疋田ミニ鉄道公園の敷地の広さでは、それらまでを受け入れることは叶わず、台車だけを譲り受けることにした。

日本におけるデュアルモードの実現に尽力されたのが、当時の滋賀運送株

㉒新疋田ミニ鉄道公園には、アメリカ大陸横断鉄道などで使用されるワーバッシュ・ナショナル社製の台車が2019年に到着した。㉓無償譲渡先の公募が功を奏し、搬入から4年となる2023年3月22日に、台車は再びクレーンにより吊り上げられた。㉔北陸本線・新疋田駅のホームの下をくぐって、台車は高知へ向けて旅立っていった。万感の想いでその姿を見送った。

式会社の会長で、グリーン物流ネットワーク設立準備事務局の発起人を務められた故丸山清さんであった。丸山さんは、環境問題やトラック運転手の激務改善への思いから、トラックと鉄道をスムーズに繋ぐシステムを探しておられ、DMTこそがその解であるとして、導入を夢見ていらした。諸般の事情で、日本におけるDMTの導入はまだ実現していないが、少なくともこの台車は、導入が実現するその日まで、夢を語り継ぐ存在として、そしてアメリカ大陸横断鉄道のダイナミズムを教えてくれる存在として、多くの人に見て貰える施設に引き継ごうと私も決意していた。

国内で、アメリカ大陸横断鉄道向けに製造された貨車台車を展示している博物館や公園などはまだなかったため、埼玉県の鉄道博物館をはじめ、各地の施設に寄贈を打診したが、台車ひとつとは言っても、やはりアメリカンサイズであるため、展示が可能な施設は見つからなかった。新疋田ミニ鉄道公園に受け入れてから3年が経過しても、一向に事態が好転する見込みが立たなかった。

そこで、思い切って無償譲渡先を公募してみることにした。募集期間は2022年8月から10月末までとして、応募資格に個人か団体かを問わないこととした。各種媒体で紹介されたことも功を奏して、予想以上の大きな反響を得た。選考の結果、応募頂いた中からもっとも公益性が高いと考えられた、高知県香南市に所在する芸術・文化・技術の複合テーマパーク「創造広場アクトランド」にお譲りすることにした。

2023年3月22日、それはこの文章を書いている今日なのであるが、新疋田ミニ鉄道公園に4年近く鎮座していた台車が、クレーンに吊り上げられて久々に宙を舞った(写真㉓)。大型トラックへの積み付けが完了し、北陸本線・新疋田駅のホームの下をくぐって走り去っていく台車の姿を見届けると、新疋田ミニ鉄道公園における約6年半にわたる活動が終わったことを実感した(写真㉔)。

本当に小さな鉄道公園ではあったが、私にとっては大きな経験値が得られた貴重な場所となった。

吾妻線・太子駅は存在した?

太子駅が国鉄の駅として正式に開業したのは1952年10月1日で、この時の所属線名は長野原線だった。前述の通り、主要な役目であった鉱石輸送の廃止を受けて、1970年11月1日に長野原駅～太子駅間の営業は休止となったが、1971年3月7日に路線名が長野原線から吾妻線へと改称されたあとの、同年5月1日に長野原駅～太子駅間は廃止となった。つまり、1971年3月7日～5月1日の2か月弱だけは、休止中で列車が走ることはなかったものの、書類上は「吾妻線・太子駅」が存在したことになる。

“幻”の線路の「裏」巡礼アルバム

本物そっくりに敷設されているが、実はすべて「幻」の線路である

1 アウシュヴィッツ平和博物館（福島県）：NPO法人が運営する博物館の第3展示場として、50m超のカーブした展示用線路が敷設され、有蓋車のワム285851とワム285793の2両が設置されている。
2 JR東日本総合研修センター（福島県）：JR東日本が社員研修のために設置したセンターで、約49.3万㎡の広大な敷地には、実習用として190mの新幹線の路線と478mの在来線の線路が敷設されている。
3 伊吹薬草の里文化センター（滋賀県）：1999年まで運行されていた住友大阪セメント伊吹工場専用線の廃線跡に沿って、約40mの展示用線路が敷設され、“幻の駅”も設置されている。
4 多賀SLパーク跡（滋賀県）：1976年に開業したSLホテルの跡地で、70～80mの線路が敷設され、D51形蒸気機関車と寝台客車3両が設置されたが、現在は跡形なく撤去された。
5 西谷鉄道保存公園（鳥取県）：鉄道OBの手による私設の鉄道公園で、約30mの線路が敷設され、中央本線の竜王駅で使われていた貨車移動機と、無蓋車のトラ73611が動態保存されている。
6 奄美アイランド（鹿児島県）：エントランス付近に約5mの線路が敷設され、かつて保存されていた20系客車の忘れ形見であるTR55B台車が展示されている。車体はすでに撤去され現存していない。

第四章 鉄道活動の「裏」

一 収集活動の「裏」

元特急車の座席から国鉄コンテナまで

元近鉄特急車6421系の座席が欲しい！

子供の頃に、駅で自由に捨せるスタンプや、使用済みの切符などを手にしたことがきっかけで、収集を始めたという方も多いのではないだろうか。そこからさらに深みにハマっていくと、書籍、模型、グッズなど、収集にある程度お金がかかるものへと手を広げることになり、それでも飽き足らなくなると、制服などの実用品や、サボなどの収集へとステップアップしていくことになる。この頃には、費やした累計額も、その置き場所も、日常生活を脅かしかねないほど大きくなってくることが多い。そのさらに先へ行くと、いよいよ電車の座席や、実物車両を丸ごと1両といったような、通常では対処が困難な領域へと足を踏み入れていくことになる。私もそんな領域にまで足を踏み入れてしまった1人だ。

電車の座席を自宅に置いて、いつでもその座り心地を楽しめるようにしたいというのは、愛好家にとっては一種の憧れのようなものであるが、特定の形式の座席にこだわるとなると、これはなかなか実現困難な願望となる。私の場合、「近鉄名古屋線用の特急車として製造された6421系の座席が欲しい」という、これまた実現が難しそうな願望を抱いていた。

❶元近鉄特急車6421系の最後の生き残りがいよいよ解体されることになり、傍には憧れの座席が山と積まれていた。

⓭国鉄の文字を塗りつぶされて倉庫代用となっているC10形。写真は彦根駅構内の片隅で見かけたC10 4060。

6421系は、1953年から1955年にかけて11両が製造され、名古屋線の主力特急車として活躍した。当時はまだ非常に珍しかった蛍光灯を照明に採用し、車内はオール転換クロスシート、1957年には国内の列車としては初めての編成全体での冷房化が実施され、シートラジオ受信機や公衆電話が設置されるなど、まさに最先端をゆく特急車だった。

1959年以降は急行車としての転用が開始され、1979年には養老線（現・養老鉄道）へと転出、1994年までに全車が引退となった。その中で1編成2両だけが大井川鐵道へと譲渡され、2009年まで現役を保っていた。引退後もしばらくは存置されていたが、2016年になって、いよいよその解体作業が始められた（写真❶）。

解体作業では、真っ先に車内設備の撤去が行われ、あの憧れの座席も車外へと運び出されて積み上げられていた。このあと座席の扱いがどうなるのかはわからなかったが、このタイミングで行動を起こさない限り、手に入れるチャンスはもうなさそうに思われた。当然のことながら解体作業の邪魔になってはいけないので、作業の手が止まるまで待って、声を掛けさせていただいた（写真❷）。いきなり座席を購入したいなどという、自分でもあり得ないと思いながらの相談は、幸いにも前向きに聞き届けられた。座席は、当時勤めていたクリニックの待合室にも置かせて貰えることになり、私のプライベートの分と合わせて、後日にトラックで運ばれてきた（写真❸）。私の分は背もたれとモケットだけだったので、アングル鋼材と木材でフレームと台座を自作した（写真❹）。台座をあまり高くしすぎると不安定になるため、座椅子に近いような高さに仕上げたが、足を投げ出して腰掛けると、向かい合わせのボックスを独り占めしているような感覚が楽しめた。こうして、憧れであった特急車の座り心地が満喫できる、自分だけの指定席を手に入れたのだった（写真❺）。

　このモケットは昔ながらのスプリングに支えられているタイプで、適度な硬さとクッション性を合わせ持っていた。時どき揺らしながら座っていると、本当に列車に乗っているような感覚を楽しめた。このままずっと持ち続けたいと思っていたのだが、東京へ引っ越しする際、部屋が大幅にコンパクトになることが決定したため、泣く泣く手放したのだった。

元近鉄特急車6421系

　6421系は、1953年より近鉄名古屋線の特急車として造られた車両で、当時はまだ名古屋線と大阪線とでは軌間が異なったため、大阪線には2250系が投入され、伊勢中川駅で双方に乗り換える体制が取られた。急行車として転用された際には、車体中央に両開きの扉を増設して3扉となり、最後までその姿を保った。

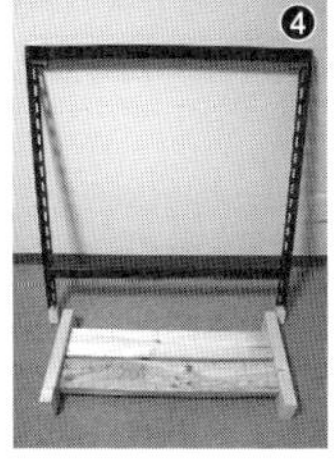

❷ガス切断など危険を伴う作業が進行中であったため、作業の手が止まるまで待ってから、座席を購入できないか相談を持ち掛けた。❸憧れの6421系の座席がトラックに揺られて到着した。勤めていたクリニックに設置する分と、私個人で購入した分の両方が載っている。❹私の分は背もたれとモケットだけであったので、アングル鋼材と木材でフレームと台座を自作することにした。❺台座を低く作ったため、足を投げ出すと、向かい合わせのボックスを独り占めしているような座り心地を楽しむことができた。

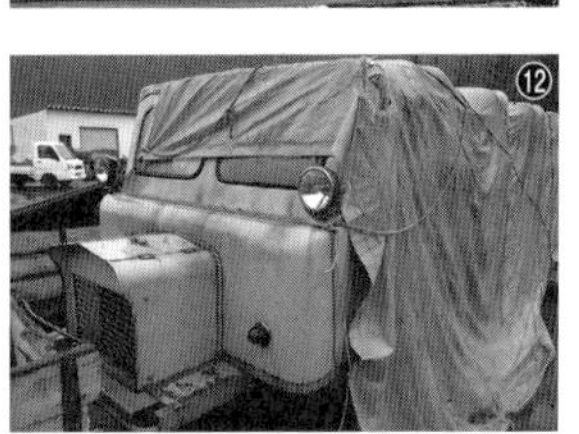

❻犬飼駅の保管庫の奥で、ドラム缶や保線器具に隠れるように眠っていたモーターカーのR105。❼この時が初対面だったが、小さくて可愛らしいという印象を持った。左側には「R105 821」という標記が見られた。❽明るい外へ出してみると、錆などは思いのほか少なく、状態は良さそうに思えた。❾銘板からは「軌道モータカー」「形式R105」「製造番号281」「富士重工業株式会社宇都宮製作所」などの文字が読み取れた。❿トラックへの積み込みは、わずか10分たらずで完了し、このあと緊締作業を行って出発したが、その作業時間の短さに歓喜した。⓫栃木県日光市の足尾歴史館に到着、移動式クレーンで軽々と吊り上げられて、移送作業は短時間のうちに完了した。⓬すでに入手してから7年、一度も走らせることは叶わなかった。ブルーシートの破れが保管期間の長さを物語っていた。

心に刺さるモーターカーの想い出

前述の通り、収集活動も極限の領域にまで達すると、それはもう、実物車両を丸ごと1両というレベルになってくる。過去には、15トン積みのガソリン専用タンク車や、第3章でご紹介した10トン積みの無蓋車を個人で購入したなどという経緯もあったが、全国には20m級の電車や蒸気機関車を購入したという猛者もいらっしゃる。そんな中、もっとも私の心に刺さっているのは、それらよりもはるかに小さい、モーターカーのR105のことであった。

このR105は、富士重工業が製造した巡視用のモーターカーで、製品名は「軌道モータカー」だった。JR九州では、2両が豊肥本線で線路の点検などに使われていたが、それらが用途不要となって処分予定と聞き、2010年に知人と1両ずつで譲り受けることにした。このR105の最大の長所はエンジンがかかることで、しかもユニック車で吊り上げと搬送が可能だったため、各地の廃線跡への出張運転を実現したいと夢をみていた。R105を走らせることで、廃線跡が持つ可能性を実証し、その先の観光資源化へと繋げていこうと期待を込めてのことであった。

2両は別々の駅に置かれていたため、私は犬飼駅のほうに保管されていたR105を譲り受けることにした。2010年12月3日、犬飼駅の構内の保管庫を覗くと、ホコリを被ったR105が一番奥に佇んでいた（写真❻）。実は、貰い受けることを決断した時点では、まだ実物を見ておらず、これがR１０５との初対面だった。R１０５は、写真で見た印象よりもずっと小さく、そして可愛らしく思えた（写真❼）。外に引っぱり出してみると、車体に錆などはほとんど出ておらず、思いのほか状態は良かった（写真❽）。銘板も残されており、「製番２８１」、「製造年月　昭和40年1月」といった詳細も確認することができた（写真❾）。よく知られたR１０５のスタイルは、ヘッドライトが１灯の、のっぺりとしたものであるが、犬飼駅のR１０５は勾配区間での使用に合わせて、エンジンを強力なものに載せ替えられている様子で、フレームが前に延長されて、ラジエーターが突き出ており、ヘッドライトも左右の２灯に改造されていた。トラックへの積み込みはわずか10分ほどで完了し、これならば出張運転も容易だと喜んだ（写真❿）。

翌日には、当面の保管を快諾して下さった栃木県日光市の足尾歴史館（現・古河足尾歴史館）に到着した（写真⓫）。あとは廃線跡を抱える各地の自治体に、出張運転を提案するだけだった。さっそく資料を作成し、機会があるごとに配布を行って、積極的な告知に努めた。その成果はすぐに出ると楽観していた。しかし、いつまで経っても引き合いは来なかった。私のアピール力が不足していたことも一因であっただろうし、個人が所有するモーターカーを公共の場で使うことへの自治体側の躊躇もあったのかもしれない。

一度も出張運転が実現しないままで５年が経過してしまったが、２０１５年になって、意外なところから引き合いがあった。中京地区の私鉄から、「保線用のトロを牽引でき、踏切が作動しない動力車」として、R１０５に白羽の矢が立ったのだ。廃線跡への出張運転で地域の方々に喜んで頂こうという当初の構想からはだいぶ離れてしまったが、それでも保線区での本気の再登板は光栄な話であり、そのオファーをお受けすることにした。ところが、先方から白紙撤回の連絡が来てしまった。R１０５のスペックではパワー不足ということのようだった。JR九州で使われていた際に、エンジンを強力なものに載せ替えているという情報を伝え損なってしまったことが悔やまれたが、

富士重工業R105

1950年から国鉄への納入が開始された「作業用モーターカー」に属する一形式で、作業員や資材の運搬のほか巡視などにも活躍した。国内で現存が確認されているR105は10両ほどで、そのうちの1両に、小坂町立総合博物館郷土館で展示されていた、1962年・富士重工業宇都宮製作所製のR105がある。このR105はほぼ原型を保っており、2013年に動態復元されて小坂鉄道レールパークに保存されている。

すでに手遅れであった。

それからも、さまざまな施設に出張運転を打診してみたが、いずれも不調に終わり、小さくて運びやすいと楽観していたR105は、栃木県に運び入れてから1ミリも動かせないまま、まもなく7年が経とうとしていた（写真⑫）。このままでは、入手した当時にはせっかく稼働状態であったエンジンが、再始動できなくなるかもしれない。保管をお願いしていた足尾歴史館からも「そろそろ搬出を」という声も届き始めていた。国内で現存が確認されているR105は10台前後にまで減少しており、貴重な個体をこのまま劣化させてしまうわけにはいかなかった。

R105を手放す決意をして、D51の搬出シーンの立ち会いでもお世話になったアチハ株式会社の島正男さんにご相談した。島さんにはト27409の輸送でもお世話になっており、なにより、広い人脈をお持ちなので、R105にとって一番いい解決策を見つけて下さると思ったのだ。すると、会社のほうで引き取る方向で検討して下さることになった。ちょうど鉄道車両のレンタル事業にも乗り出されたところであり、もしこのR105を最小クラスのレンタル車両として活用していただけるならば、それは「地域活性化に寄与したい」との思いで収集した当初の理想に一番近い気がした。

R105に関する交渉は、思いがけない形で決着した。栃木県でさまざまな鉄道車両を動態保存されている、「那珂川清流鉄道保存会」が引き取って下さることになったのだ。実は島さんからは、イベントでの使用の目途が立った時点で運転整備を依頼するつもりで、それまでの保管を保存会に打診されたのだが、保存会からはR105を引き取りたいというお話になったのだそうだ。私もそれを聞いて驚いたが、この有り難いオファーを知人とともにお受けすることにした。こうしてR105は、2017年6月1日に迎えのトラックに載せられて、7年越しに見つかった安住の地へと旅立っていった。

収集活動というのは、ともすれば手に入れるまでのプロセスにエネルギーを注ぎすぎて、無事に手に入れたその先までは思い至らないということが起こりがちだ。このR105での経験は、保管や活用、そして最終的に処分が必要となった際の覚悟までを考える、大切な機会となった。

国鉄コンテナが魅力的でたまらない?!

収集活動というのは、好きで欲することが原動力となるわけであるが、その好きとなる対象はまさに千差万別で、中には「なぜ?・」と思われる対象に強く惹かれることもしばしば起こる。

私の場合のそれが「国鉄コンテナ」だ。あえて現役のJRコンテナではなく、ボロボロの国鉄コンテナのほうに魅力を感じてしまうのだ。国鉄コンテナのどこがそんなに魅力的なのかと尋ねられると、答えに窮するが、独特のフォントで書かれた〝国鉄コンテナ〟の文字、〝コンテナグリーン〟と呼ばれる黄緑6号のあの塗色、使い込まれてくると次第に薄くなってくるその色調、荷役の際にできたらしい傷や凹み、そこから垂れてくる錆の跡など、さまざまな要素が子供の頃から私の心を捉えて離さないのだ。国鉄コンテナの中でも、とりわけ旧規格の6000形やC10形が好きだ。あの〝戸口から戸口へ〟というキャッチフレーズも、ソフトに訴えかけているようで、いまいちソフトになりきれていない感じがまたたまらないのだ。

そんな国鉄コンテナも、私が中学生になった頃には、C20形以降の新規格のものが主流となっており、旧規格のものはコンテナ置き場の隅のほうに追いやられるようになっていた。すっかり色褪せ、あちこちに鉄板が継ぎ当てられた姿は、老体に鞭打って最後のご奉公をしているようにも見えて、カメラを向けるのはいつも旧規格のコンテナのほうだった。いまでも、国鉄の文字がペンキで塗りつぶされ、倉庫代用で残されている旧規格のコンテナを見かけると、すかさず写真に撮ってしまう(写真⑬)。「三つ子の魂、何とやら」とはよく言ったものである。

廃棄予定から一転、博物館収蔵へ

社会人になって、国鉄コンテナへの関心も薄れていくものと思っていたら、これまた不思議なご縁で、二番目の勤務先となった場所が、国鉄コンテナの〝最後の聖地〟のすぐ傍だった。最後の聖地というのは、大阪市内にあった梅田貨物駅のことで、ここには他では見かけないような旧規格の国鉄コンテナがいくつも残されていた。職場の行き帰りには、少し遠回りをして梅田貨物駅の横の道を歩いた。

ある時、構内の一番端に、旧規格を中心とする国鉄コンテナばかりが積み上げられているのが目に留まった。6000形やC10形、それに珍しいタンクコンテナのT10形やT15形まであった。6000形などは、駅で倉庫代用として使われていたものが、わざわざその場所から引き揚げられてきており、これは処分を前提としたものに違いないと直感した。

ここからの顛末は、拙著の『よみがえる鉄道文化財』(交通新聞社刊)で一度ご紹介しているが、ここでも概略を振り返っておきたい。この時は、すぐに構内の事務所へ足を運んだのだが、対応して下さった助役の口からも、はっきりと処分予定であることが告げられた。やはりそうだったのだ。

積み上げられていたコンテナは、一般に取り引きされる中古コンテナよりも見劣りのするものばかりで、特にタンクコンテナなどは油が垂れて黒く汚れており、用途も限られるため、買い手など現れないであろうことは容易に想像がついた。この時点でも、国内に現存しているT10形やT15形はこれが最後であろうし、6000形もかなり少数しか残っていないことははっきりしていた。できれば何とか残して欲しいと思ったが、現場で処分予定となっているものを、保存して下さいと言って通る話ではない。自ら買い取るか、諦めるか、その二択しかないように思われた。

⑭梅田貨物駅で処分寸前となっていたC10 8848は、複数のボランティア団体に守られて、現在も加悦鉄道資料館に保存されている。⑮梅田貨物駅から和歌山県内に運び込んだ6000形とタンクコンテナのT10形は、再塗装を行って一般公開を実施した。⑯コンテナ車に積載した形での展示を実現したいとの夢が叶い、6000形とT10形とT15形は現在も鉄道博物館で公開されている。⑰製作個数がわずか200個で、1984年度には形式消滅となっており、「形式7000」の文字を拝めること自体が奇跡だった。⑱7000形の特徴は、扉が両側面に設けられており、コンテナ車に積載したままでホームから直接に積み下ろしができることだった。⑲能町駅では貨物取り扱いがすでに廃止され、ガランとした構内に7000形が取り残されているような印象であった。

この時、ある信念が私を突き動かした。それは、価値評価が定まっていないものについては、その重要性に気づいた者が確保しておくべき、というものだった。当時はまだ国内の博物館で国鉄コンテナを展示している事例はなかったが、いつか必要になる時が来る、この収集活動をやって良かったと思える日が来ると信じて、その場で購入を申し出たのだ。

先方としても、費用をかけて産業廃棄物として処分するより、「欲しい」と言っている物好きに任せたほうが安上がりであり、双方にとって利点しかない交渉は、難なくまとまった。最終的に提示された価格はコンテナ1個あたり3000円で、これは決して模型のコンテナの値段などではなく、実物のコンテナの値段であった。こんな安値で、子供の頃からの憧れだった国鉄コンテナの実物を手に入れられることになったのだ。天にも昇る気持ちというのは、こういう心情のことを言うのであろう。

実はこの時、そんなに安いのならと、タンクコンテナの2個と、6000形のほかに、旧規格のC10形（写真⑭）を2個、C12形を1個、追加で購入することを希望したため、合計で何と6個にもなっていた。さすがにこの規模の収集活動になってくると、もはや個人では不可能だったため、正式な売買契約を結ぶ前に、当時所属していた鉄道車両の保存活動を行うボランティア組織のメンバーに相談をした。国鉄コンテナの価値や、保存する意義については、必ずしも等しく受け止めてもらえたわけではなかったが、それでも最後には了解して下さった。

この頃のボランティア活動の拠点は和歌山県内で、鉄道会社のご理解によってコンテナの保管場所を確保することができた。保線を担当されていた建設会社からはトラックをお借りすることができたので、1台のトラックは私がハンドルを握り、計2台のトラックで2往復してコンテナを運んだ。

梅田貨物駅から運び込んだのちは再塗装を行い、さっそくイベントを実施して一般公開を行った（写真⑮）。愛好者の主催による国鉄コンテナの展示イベントというのは、これが初めてだったのではないかと思う。ただ、国鉄コンテナを単独で展示しても、なかなかその意義を伝えることは難しかった。やはりゴールとしては、コンテナ車に積載した形での展示を実現したいと改めて思った。

ちょうどそんな時、埼玉県さいたま市で「鉄道博物館」を建設する構想があるとの情報を把握し、収蔵品にはコンテナ車もリストアップされていることを知った。当然、コンテナ車の上に載せるコンテナも必要となるはずで、これはまさに千載一遇のチャンスと、6000形、T10形、T15形の3個を寄贈したい旨を関係者にお伝えした。幸いにもその申し出は快諾され、国鉄コンテナを過去に製造していたメーカーの手で修復が行われた。美しい姿を取り戻した国鉄コンテナたちは、現在も鉄道博物館で多くの来場者にその姿を披露している（写真⑯）。

まだ続く国鉄コンテナとのご縁

国鉄コンテナとのご縁は、まだこれ

国鉄コンテナ7000形

国鉄コンテナ7000形は、1962年から1965年にかけて200個が製造された有蓋コンテナで、当時の主流派であった6000形との差異は、扉の位置が妻面から側面に変わったことだ。これにより、コンテナ車に積載したまま駅のホームでの積み卸しが可能となり、コンテナを使った小口混載輸送には便利なタイプとなっていた。ただ、5180個が製造された6000形と比べると少数派に留まり、1984年度には形式消滅となった。

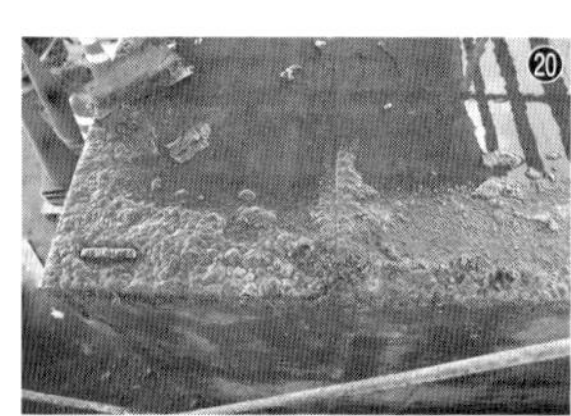

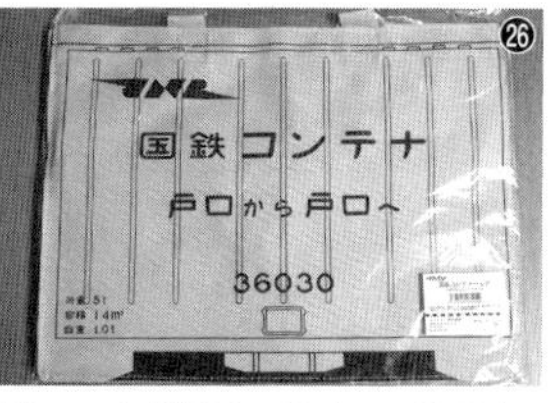

⑳融雪に使う塩化カルシウムが保管されていたため、通常では見かけないような酷い錆が天井や側面に発生していた。㉑無事に能町駅から金沢貨物ターミナル駅まで搬出された。JRコンテナの真ん中に7000形が居る光景は、現代の奇跡を見ているようだった。㉒四隅の柱のうちの1本は、腐食して大きく穴が開いている状態で、修復は技術的に不可能との結論が出てしまった。㉓解体が不可避かと思われたが、那珂川清流鉄道保存会によって引き取られ、7000形は命拾いをした。㉔那珂川清流鉄道保存会ではコンテナ車のコキ28478を保有しており、ちょうど7000形が活躍していた時期とも一致する。㉕国鉄コンテナのグッズが次々と発売されてブームのようになった。私が最初に入手したのはこのマグカップだった。㉖実用性という点で国鉄コンテナのトートバッグは秀逸だった。実用と保存用に2つ買ったが、惜しくてまだ使っていない。㉗国鉄冷蔵コンテナをモチーフにした保冷バッグ。実際に保冷性能が備わっており、思わず唸ってしまう製品の登場だった。㉘ついには100円ショップにまで国鉄コンテナのグッズが波及、収集の手軽さに、つい財布の紐も緩んでしまった。

で終わりではなかった。次の収集活動の場となったのは、富山県高岡市だった。氷見線能町駅の構内に、7000形という非常に珍しい国鉄コンテナが残っていたのだ（写真⑰）。この7000形は、従来の国鉄コンテナでは扉が端面に設けられていたのに対し、扉が両側面に設けられており、ローカル駅などで貨車からコンテナを降ろさずに、貨物ホームから直接に積み下ろしができるようにアレンジされたタイプだった（写真⑱）。元々の製造数が少なかったため、古い写真でもあまり活躍のシーンを見かけたことがなく、現存が知られていたのはこの1個ぐらいだった。もちろん現役で使われていたわけではなく、倉庫代用として残されていたのだが、すでに能町駅では貨物取り扱いが廃止され、すっかりガランとしてしまった構内の一角に、この7000形が取り残されているような状態だった（写真⑲）。屋根の下にあったにもかかわらず、その荒れ方は酷かった。その理由は、融雪などに使われる塩化カルシウムの保管に利用されていたせいだった。塩化カルシウムは、要は塩であり、こぼれ出た塩が雨水などに溶け、それが鉄を腐食させていたのだった（写真⑳）。

腐食が酷い状態であったこともあり、このままではいつか滅失してしまうことは確実と思われたので、何とか譲って貰えないかと、ここでも島さんに相談、島さんはすぐにJR貨物に打診をして下さり、譲渡に関しては可能との回答がすんなりと返ってきた。ただ、修復に要する費用が、現行タイプの中古コンテナを購入するのと比べても、ほぼ倍となることが併せて伝えられた。あの腐食具合では、素人がペンキを塗って何とかなるレベルでないことは確かだったので、JR貨物のプロの手による修復を前提に、正式に契約をしたいと申し入れた。貴重な7000形のオーナーになれることが決まった感慨深い瞬間であった。7000形に関しては、すでに旧規格コンテナの代表格である6000形が鉄道博物館に殿堂入りを果たしたあとだったこともあり、どこかの博物館で受け入れて貰える可能性は低そうに思われた。そこで、この7000形の収集活動に関しては、個人として取り組むことに決め、外観は歴史的な姿を残しながら、内部は書庫に改造して使おうと考えた。

島さんからは、ひとつの懸念が伝えられた。それは、7000形の腐食具合があまりに酷いため、まず能町駅から無事に搬出できるかどうかがわからないということだった。それは確かに頷けることだった。なにしろ、能町駅に据え置かれてから一度も動かされたことがないと思われ、あの錆び具合であるから、無理に持ち上げようとすれば、バラバラになってしまう可能性は大いにあり得た。そこで、2013年9月に、7000形の現物を目の前にしながら、詳細な打ち合わせを行うことになった。

現地で実際に7000形を確認してゆくと、劣化具合が想定よりもさらに酷いことが判明、見積金額もたちまち前回の倍にまで跳ね上がってしまった。ここで撤退することも可能だったが、そうすると7000形は解体になってしまう。私は覚悟を決めて再びゴーサインを出した。

後日、搬出作業の結果の知らせが島さんから私の元に届いた。7000形の下に鉄板を敷くなど手を尽くして下さった結果、能町駅から金沢貨物ターミナル駅までの搬出に成功したという報も届いた。それは、さらに細部を確認した結果、修復は技術的に不可能との結論に達したというものであった。プロが無理とおっしゃる以上、収集活動はここで諦めるしかなかった。

ものであった。その吉報と同時に、悲

2013年11月、私は金沢貨物ターミナル駅へと出向いた。7000形との再会を果たすためだった。ただし、この再会は今生の別れを意味していた。私が購入を諦めた時点で、解体されることが確定したからだった。7000形の姿を見るのはこれで最後になる、その無念の気持ちを胸に、いろんな角度から写真を撮りまくった。何世代も後輩に当たるJRコンテナたちが取り囲む中、7000形が凛としてそこに存在している光景は、奇跡を見ている想いだった(写真㉑)。この時の私は、せっかく現存しているのにどうすることもできなかった挫折感と、青天井の状態に陥っていた修復費用の見積もりからの解放感という、相反する2つの気持ちが入り混じっていた。7000形の最後の姿をしっかりと目に焼き付けたのち、金沢貨物ターミナル駅を後にした。

奇跡はそのあとに起こった。何と、7000形を引き取って下さるところが現れたのだ。前項のモーターカーでもお世話になった、あの那珂川清流鉄道保存会だった(写真㉓)。同会が所蔵する車両の中には、コンテナ車のコキ28478がすでにあったのだ(写真㉔)。将来的に組み合わせて保存することが可能であることを思うと、7000形の保存先としては間違いなく理想的に思えた。予想もしていなかったハッピーエンドの到来に、私も手放しで喜んだ。

収集活動は、最終的に小さく収束する？

こうして、国鉄コンテナの収集活動は最終的に幸運な結末を迎えることができたのだが、それは組織の力に助けられてのことであり、個人での収集活動は一筋縄ではいかないことを痛感させられた。

その間に、世の中ではちょっとした変化が起こっていた。国鉄コンテナのプチブームが到来したのだ。それまでは見たこともなかった、国鉄コンテナをデザインしたグッズが次々と発売され、マグカップ(写真㉕)、パスケース、クリアファイル、トートバッグ(写真㉖)、果ては国鉄冷蔵コンテナをモチーフにした保冷バッグまでが製品化され(写真㉗)、私はそれらを見つけるたびに買い漁ってしまった。そのブームはついに100円ショップにまで波及し、国鉄コンテナを高いレベルで再現した収納用缶ケースの「ブリックコンテナ」が発売された(写真㉘)。リアリティは相当に追求されており、そのバリエーションも国鉄コンテナのみならず、JRコンテナから私有コンテナ、海上コンテナにまで及んでいた。

私が缶ケースをいくつもカゴに入れていると、その隣で、小さな女の子が缶ケースを手に「買って欲しい」と母親にねだっているシーンに遭遇した。その子の手には、国鉄コンテナの600形がしっかりと握られていた。お母さんは「ひとつだけよ」としぶしぶ容認して、レジに向かっていった。カゴにいくつも入れている私は気恥ずかしくて、すぐにはレジに近づくことができなかった。それはともかくとして、国鉄コンテナのデザインとカラーリングが、時代も性別も超えて、現代の小さな女の子のハートを掴んでいたことに、大げさではなく、本当に感動を覚えていた。

それにしても、国鉄コンテナのグッズが100円ショップで買えるほどにまでハードルが下がって、収集活動は何と楽になったことか。実物の国鉄コンテナが持つ魅力やダイナミズムはもちろん忘れたわけではないが、いっぽうでこれまでに経験した大変さを思うと、個人で行う収集活動は、このぐらいの大きさがちょうどいいと、しみじみ思ったのも事実だった。

二　自作活動の「裏」

ヘッドマークからトロッコまで

❶初めて自作したのはデオ730形のデビューを記念したヘッドマークで、車庫で実車に取り付けて撮影することを許可して下さった。

最初の自作はヘッドマーク

世の中には、市場に出回っている製品では飽き足らず、自作にエネルギーを注ぐ人たちがいる。鉄道模型では、製品化されていない形式の車両を、設計から始めてフルスクラッチで製作してしまう人もいる。さらには、ライブスチームの車両を自作、あるいは実物大の駅名標や踏切警報機を自作、果ては実物大のモックアップを自作してしまう人までいる。

私も自作の楽しさにハマった1人で、最初に手を出したのはヘッドマークだった。それは、私が小学生の頃から足繁く訪れていた叡山電鉄の修学院車庫に於いて、1988年にデビューした「デオ730形」に取り付けたヘッドマークであった（写真❶）。

修学院車庫は、私の実家から歩いて行ける位置にあり、まだ前身の京福電気鉄道が運営していた頃から、柵越しに入出庫する電車や、庫内で入換を行う電車を飽きずに眺めていた。1985年になると分社化されて叡山電鉄が設立され、中学生になった私は車庫の事務所を訪れては、許可を得て見学をさせて貰うようになった。制服のまま頻繁にやってくる鉄道好きの学生に、現場の方々の対応は温かかった。旧型のデオ200形が解体になった時などは、きちんと安全対策を講じた上で、近くで写真を撮ることを許可して下さった(写真❷)。

高校生になってからも車庫詣では続いた。ある時、新形式の電車としてデオ730形がデビューすることを聞きつけ、日頃からお世話になっているお礼も込めて、記念のヘッドマークを自作してみたいと思い立った。顔なじみになっていた車庫の職員たちにこのアイデアを相談してみたところ、好意的な反応があり、それに気を良くした私は、さっそく製作を開始した。ベニヤ板を丸く切り抜いてペンキを塗り、ヘッドマークの土台を完成させた(写真❸)。それを車庫に持っていくと、デビューを目前に控えたデオ731がまさに整備中であった(写真❹)。そんなお忙しい時でも、ヘッドマークの土台が実車に正しく装着できるか確認したいという困ったリクエストに、これまた快諾して下さった(写真❺)。なにしろデビュー前の新車であるから、万一にも傷でも付けたら大変で、そんな状況でよく高校生にヘッドマークの装着を許可して下さったものだと改めて思う(写真❻)。そして完成したヘッドマークは、車庫に持参して装着させて頂き、撮影した写真は鉄道の月刊誌に投稿した。残念ながらその投稿はボツとなってしまい、このヘッドマークのことは

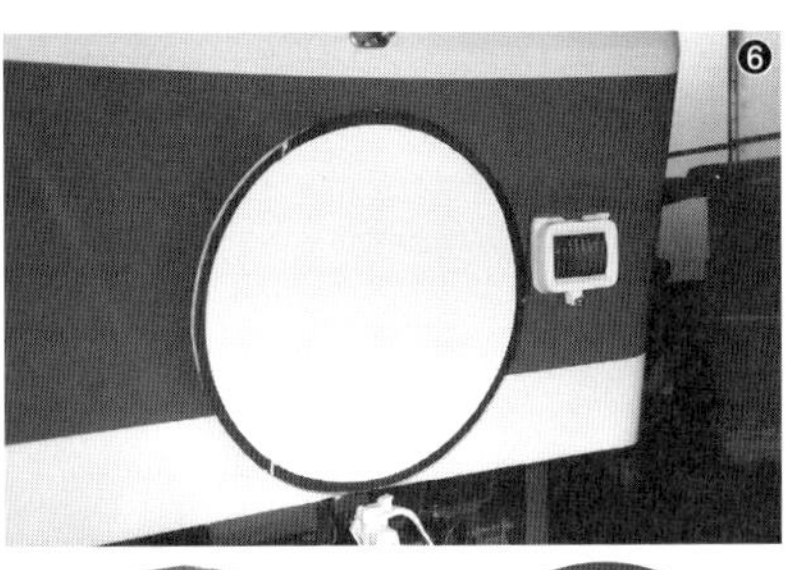

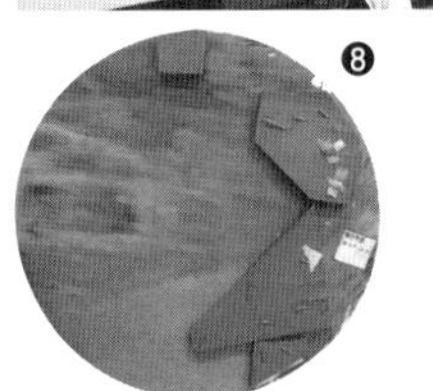

❷デオ200形の解体作業では、間近で撮影を許可して下さっただけでなく「吊革の棒を欲しい」という無茶なリクエストにも応えて下さった。❸ベニヤ板を丸く切り抜いたのも初めてのことで、これがうまくいっただけでも高揚感に浸ったことを思い起こした。❹デオ730形のデビューが近づき、整備にお忙しい時でも来訪を受け入れて下さった。当時のご厚意に今更ながら感謝である。❺この時点ではまだデビュー前の新車であったので、ヘッドマークの装着具合の確認など、よく許可して下さったものだと思う。❻車体に万一にも傷を付けないように慎重に装着し、幸いにもフィットすることが確認できた。❼500円玉をモチーフにしたデザインのヘッドマークは、完成後に車庫で実車に取り付けて撮影をさせて頂いた。❽裏に残るのは、ヘッドマークを大きくしようと別のベニヤ板を継ぎ足した痕跡で、そのせいで走行する電車への取り付けが不可能となった。

個人的な想い出で終わった(写真❼)。

ところで、このヘッドマークには、小さな「裏」のエピソードがあった。それは、当初はヘッドマークを電車に取り付けて実際に走らせて下さる方向になっていたのだが、ある事情で立ち消えとなってしまったことだ。それが何だったかと言えば、サイズを大きくしすぎたことだった。当時の私はヘッドマークの見栄えを良くしようと、途中でサイズをひと回り大きくしてしまったのだ。その結果、用意していたベニヤ板ではサイズが足りなくなり、別のベニヤ板を継ぎ足したのだが、そのせいで強度が不足してしまい、風圧を受ける走行中の電車への取り付けができなくなってしまった(写真❽)。見栄えに気を取られて余計なことをしたせいで、せっかくのヘッドマークは人目に触れることなく終わってしまったわけだ。

お蔵入りとなったヘッドマークは、それから30年以上も実家の倉庫で眠らせたままになっていた。先日、倉庫を整理していた際に、久々にこのヘッドマークが出てきて、懐かしい想いで写真を撮った。再び倉庫に仕舞いこんでしまうと、次はいつ日の目を見るかもわからなくなりそうであったため、オークションで別の品を落札して下さった方に、オマケで差し上げることにした。

修学院車庫における夜間清掃

修学院車庫では、清掃などの整備が日常的に行われており、終電も間際になると、車庫には続々と電車が帰ってきて、乗務員が所定の位置に停め終えると、そこからは夜間清掃のバイトの出番だ。車掌スイッチを操作してドアを全開にし、車内を掃き清める作業が始まる。大学時代に友人がこのバイトに従事するようになり、私も無給で手伝いに駆けつけるようになった。もちろん大真面目に清掃作業に取り組んだが、掃除を終えたあとのドア操作の瞬間が至福の時であった。いまから30年近く前の「裏」の想い出である。

オレンジカードの自作で大損！

次に手を染めたのは、オレンジカードの自作だった。いまから約30年前の1991年当時はオレンジカードのコレクションがちょうど全盛期で、ＪＲ各社でも増収の有望な手段として盛んに発売を行っており、列車内でも〝乗車記念にいかがですか〟というアナウンスが頻繁に聞かれた。

そんなオレンジカードを完全にオリジナルのデザインで発行できる〝オーダーメイド〟という方法があることを知り、自分で撮った写真を使ったオレンジカードを作りたいという衝動に駆られた(写真❾)。それ以前にも、既成のオレンジカードに写真を切り貼りしただけの〝手作り〟オレンジカードを自作したことがあったが、そんな素人作品とは違って、駅で売られているような〝本物〟のオレンジカードを作ることができるというのは、非常に魅力的だった。

オレンジカード

オレンジカードは、JRグループで使用が可能な磁気式プリペイドカードで、1985年3月25日に関東圏の主要駅で販売が開始された。ピークの1991年にはJR東日本で327億円の売り上げがあったが、近年のICカード乗車券の普及などに伴って、2013年3月31日限りで発売が終了となった。現在でも収集の対象となっており、プレミアムの付くオレンジカードも存在している。

ただし、最低ロットは100枚からで、仮に額面500円のオレンジカードで作成したとしても、そこに版下代などの諸経費を加えると、額面総額をはるかに超える資金が必要であった。まだ二十歳になったばかりの当時の私にとって、この枚数をひとりで抱えるのは金銭的に辛いものがあった。そこで、鉄道雑誌に告知を出して通信販売にチャレンジしようと考えた。当時、駅などで発売される記念オレンジカードは、発行枚数が少ない限定版ほど人気を集める傾向が強かったが、それでも発行枚数は数千枚という単位だった。JR以外の企業が発行したオーダーメイドのオレンジカードには、プレミアムが付いて非常に高値で取り引きが行われていたことも、私の強気を後押しする要因となった。「それらよりはるかに少ない、百枚単位の発行枚数ならば、飛ぶように売れるに違いない」という大甘な見通しのもと、この計画を実行に移すことにした。それだけでも安直だったのに、よりによって、「印刷枚数を増やせば一枚当たりの単価が下がる」という二重の過ちを冒し、300枚もの発注をかけてしまった。ちょうど平成3年3月3日を迎えるタイミングだったので、「3・3・3記念」と銘打って、オハフ33 333をデザインしたものにした。ただしこの客車はすでに引退して解体待ちで、窓枠の下からは錆も垂れてしまっており、めでたい3並びの日付を記念したオレンジカードにしては、ずいぶんと縁起の悪い絵柄となってしまった(写真❿)。

唯一幸運だったのは、月刊の鉄道雑誌で好意的に取り上げて下さり、通信販売の告知は無事に掲載されたことだった。しかし、どこの誰が発行したのだかよくわからないようなオーダーメイドのオレンジカードなど、駅で発売されていた公式のものと同じように売れるはずもなく、100枚も売れずに在庫として残ってしまった。もちろん額面どおりに使えば500円分の価値は有し

❾JR西日本が増収の一環で力を入れていたオーダーメイドデザインのオレンジカードのチラシ。もちろんこのチラシに何の罪もない。❿国鉄清算事業団が所有していたオハフ33 333の写真を使ったオーダーメイドのオレンジカード。その下にあるのは未開封の100枚だ。

ていたが、版下代などで額面の倍の金額が掛かったことを考えると、とても使う気にはなれず、そのままずっと手元で塩漬けになってしまった。それから年月が経過して、ネットオークションという便利なシステムが普及してくれたおかげで、最近になってようやく手放すことができた。もちろん大赤字での手仕舞いである。儲かるなどと色気を出してしまった浅はかさゆえの、手痛い教訓を残した自作活動であった。

自分で運べる車両を自作したい！

自作活動で究極の目標と言えるのが、鉄道車両の自作であるが、車両とは言っても、何十トンもあるような巨大なものではなく、自分ひとりで持ち運びが可能な〝最小級〟を目指したいと考えた。そう思うようになったきっかけには、本章冒頭の収集活動で触れた、モーターカーでの失敗も関係していた。モーターカーを入手した動機に、廃線跡で出張運転を行って地域の方々に喜んで貰おうというものがあったが、エンジン付きでサイズが大きかったことが足かせとなり、一度も走らせることができないまま手放してしまったからだ。フィリピンで〝バンブートロリー〟という、住民たちが勝手に走らせている「裏」の人力トロッコに乗ったことにも触発されて、今度は最小級の人力トロッコを自作してみたいと思うに至った（写真⑪）。

ただし、いきなり最小級の車両の自作に至ったわけではなく、その前の段で、鉄道業界では最小級であった「軌道自転車」を積極的に収集した時期もあった（写真⑫）。入手した当初は、これで全国どこへでも鉄道車両を自在に持ち運ぶことできると思ったのだが、いくら最小級とはいっても、家庭にある自動車に積める大きさではなく、いざ運ぶとなると、カーキャリーをお願いしたり、パワーゲート付きのトラックをお願いしたりと、どうしても大がかりになってしまうのだった。普段の保管でも、当時の勤務先のご理解で、1台目は駐輪場に置かせて頂くことができたものの、さすがにそれが限界で、2台目からは露天での保管となった。既存の最小級

⑪フィリピン国鉄のサンタ・メサ駅とパンダカン駅との間を行き交う“バンブートロリー”。こんなワイルドな姿であるが、乗り心地は案外良かった。

バンブートロリー

フィリピンの首都・マニラ市から伸びるフィリピン国鉄の南方本線では、住民たちが手作りの人力トロッコを走らせており、その主要部材が竹でできていることから、いつしか“バンブートロリー”の愛称で海外にまで知られるようになった。サンタ・メサ駅～パンダカン駅の間と、アラバン駅の周辺で走っている姿を確認したが、もちろんフィリピン国鉄からは非公認である。

の車両では思いどおりに運ぶことも、日常的な保管もままならないことを実感していた。
そのような経緯もあって、自分で自由に持ち運べる、もっともっと小さな車両を自作して、廃線跡を走らせたいと思い至った。この前後の経緯は、拙著の『走れ、トロッコ！ 輝け！ 錆レール』（イカロス出版刊）でも紹介しているが、ここではその「裏」に触れてみたい。

小さな車両の自作に際しては、まず骨格となる素材を決めなければならなかったが、身近な材料を見まわしたところ、古いパソコンラックのフレームが目に留まった。フレームのカーブの具合が、ちょうど鉄道車両の前面を連想させたのだ。元々は白であったフレームを黒にペイントして、L字形のアングル鋼材と角材で横方向の骨組みを作った（写真⑬）。最大の課題だった車輪については、車軸を採り入れると重量が増してしまうため、引き戸などに使われる戸車を代用して、それらを複数取り付けることで荷重を分散、大人の体重でも耐えられるようにした。ボディには黄色のプラスチックダンボールを被せ、前面には窓を開口した（写真⑭）。駆動についてはバンブートロリーと同じく、足でレールを蹴る方式とした。こうして完成した最小級の自作車両は、わずか16kgと軽量で、自家用車にも1人で楽に積むことができた。

初回のテスト走行は、岐阜県の旧神岡鉄道・奥飛騨温泉口駅で実施した。自作のフリーランス車両でも、ひとたび本物のレールの上に載ると、何だかそれらしい姿に見えて、我ながらうま

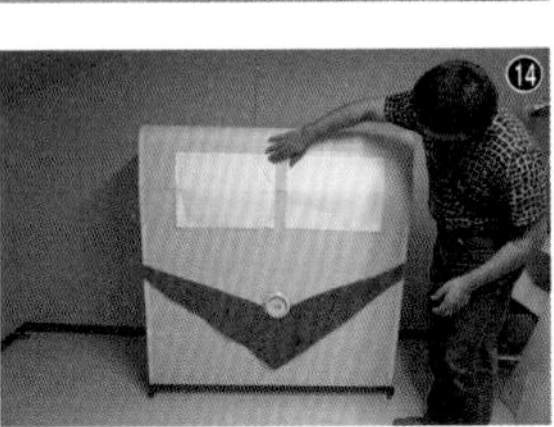

⑫入手した軌道自転車を勤務先の駐輪場に置かせて頂いていたが、普通の自転車の2～3台分を占拠してしまっていた。⑬パソコンラックのフレームが程よいカーブを描いていたことに注目、これを自作車両の骨格として使うことにした。⑭プラスチックダンボールを使ってボディの形を整えた。モーターカーのR105をイメージしたが、なぜか全然違う雰囲気になってしまった。⑮初回のテスト走行を旧奥飛騨温泉口駅で実施、「おくひだ１号」のKM-101と同じレールの載った自作車両の姿には、感慨深いものがあった。⑯脱線予防のガイド車輪を強化して臨んだ旧石見川本駅での二度目のテスト走行では、初回よりも安定感が出て、一定の成果を収めた。⑰自宅マンションのキッチンに置いたが、まるで屋台でも店開きしたかのような圧迫感となってしまった。

くできたと感動してしまった（写真⑮）。ただ、肝心の走り具合のほうは、ベアリングの入っていない小さな戸車では全く滑走する感じが得られず、なにより、すぐに脱線してしまって、安定走行とは程遠いレベルであった。

　そこで、島根県の旧三江線・石見川本駅で実施した二度目のテスト走行では、脱線を防ぐためのガイド車輪を強化して臨んだ（写真⑯）。おかげで初回のテスト走行よりも、ずいぶんと走行の安定性は向上した。それでも、あのフィリピンで体験した〝バンブートロリー〟の滑らかな走りっぷりには遠く及ばなかった。シンプルそうに見えた人力トロッコも、いざ自作してみると、奥が深いことを実感した。

　二度目のテスト走行を終えて、自作車両をマンションに持ち帰ってきたが、かなり目立つ容姿であったので、マンションの駐輪場に置いておくわけにもいかず、自宅のキッチンに持ち込んだ（写真⑰）。ただ、いくら最小級と謳ってみても、その存在感はハンパなく、まるで家の中で屋台を店開きしているかのような有様だった。東京への転居が決まった際には、さすがに連れていくわけにもいかず、二度目のテスト走行を受け入れて下さった旧石見川本駅に寄贈させて頂いた。

三　出品活動の「裏」

出品準備から発送完了まで

❶抱え込んだコレクションも、ネットオークションのおかげで欲しい人の手元へと届けることができた。

自宅に居ながら簡単に巡り合える

　収集活動や自作活動の結果、抱えきれないほどにコレクションが膨らんでしまった時に、希望する人に引き継ぐことのできるネットオークションは、実に有り難いシステムだ（写真❶）。探すほうとしても、例えば雑誌のバックナンバーで、特定の号が欲しい場合などには、従来のように古書店を何軒もハシゴすることなく、自宅に居ながら簡単に探し当てることができるようになった。かなり稀少な本でも、巡り合える確率は格段に上がっていることを実感する。部品類やグッズ類についても、流通量が少ない非売品や、愛好者が少ないマイナーなジャンルのアイテムであっても、非常に探しやすくなっていると感じる。

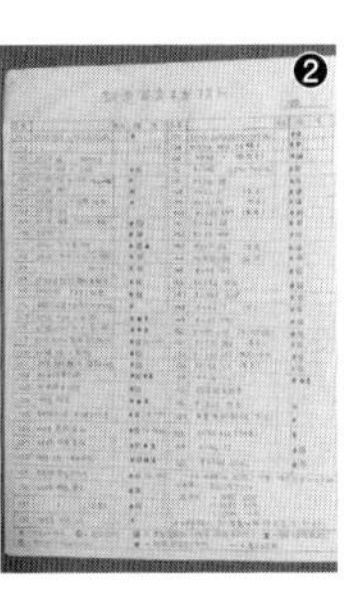

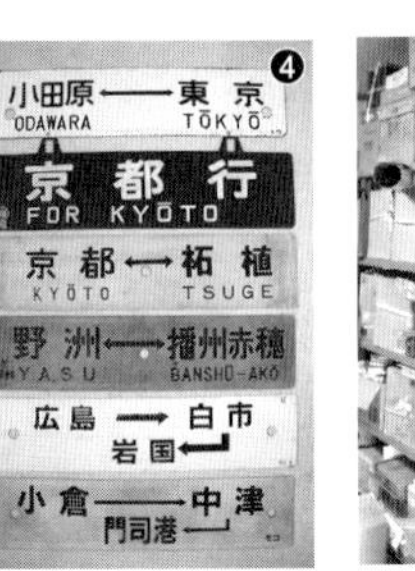

❷中高生の当時、鉛筆の手書きでリストを作って通信販売を手掛けていた。ネットオークションの普及はまさに夢のようだ。❸マンションの2部屋でダンボールが天井まで積み上がり、もはや物流倉庫の内部と変わらない状態となっていた。❹小学生の時に買って貰ったサボなども、ずっと仕舞いっぱなしであったため、この機会に出品してしまうことにした。

もちろん、相手の見えない匿名性の高い取り引きの場であるので、落札品が届かなかったり、情報とは異なった物が届いたりするような、詐欺まがいの行為も一部で横行していると耳にする。これまでとは別の種の慎重さが求められる場であることは間違いない。出品に関しては、私はようやく100回をクリアしたばかりだが、いくつか直面することができた貴重な経験をもとに、それらの「裏」を振り返ってみたい。

中高生の頃には「紙リスト」を手作り

ネットオークションが今日のように拡充するまでは、自らのコレクションを放出したい場合、古書店や古物商の店舗に持ち込むか、雑誌のコーナーに個人広告を掲載して貰って郵送で取り引きをするぐらいしか選択肢がなかった。私の場合は後者を愛用しており、郵送で手に入れた各地の入場券や、車両基地の一般公開で購入した部品類、そして自分で撮った写真のネガやプリントなどをリストにして、希望者に頒布していた。私が中高生だった当時は、まだパソコンもほとんど普及していなかった時代で、鉛筆による手書きでリストを作っていた。汚い字で細かく内容を書き込み、少しでも大人っぽく見せようと背伸びをしていたことが今更ながら恥ずかしい(写真❷)。あの頃には、ネットオークションなどという便利なシステムが普及することなど想像もできなかったが、もしこんな優れたものがあの当時すでに存在していたら、学業そっちのけで深くのめり込んでいたことは間違いない。

"終活"も視野の断捨離スタート

鉄道趣味の深みに足を踏み入れた方々にとっての共通の悩みは、膨大なコレクションの置き場と、その行く末であろう。一度手放したら二度と手に入らない稀少本や、1点限りのコレクションは、日焼けしたりダメージが生じたりしないよう、丁寧に箱に仕舞って保管しておくのが常だが、それらは増えることはあっても減ることはない。引っ越しのたびに、依頼するダンボールの数が増えてゆき、トラックのサイズも大きくなり、借りる部屋の間取りもサイズアップしてゆく。当然、引っ越し費用も右肩上がりである。私も、そのような負のスパイラルに陥った1人で、最終的にはファミリー向けのマンションの、2部屋がダンボールで埋まってしまった。頑丈なスチール棚を部屋一杯に組み立てて、最上段にまでダンボールが積み上がった光景は、もはや物流倉庫と変わらなかった（写真❸）。前回の引っ越しから一度も開けていないダンボールが大半で、自分でもその中身が思い出せない状態だった。リビングにも壁の端から端まで本棚を配置し、そこには無数の鉄道雑誌のバックナンバーを並べたが、それらのほとんどは何年もページを繰った記憶がないものばかりだった。

そんな塩漬けの物たちに囲まれた生活に、ついに終止符を打つ時が来た。それは自作活動のところでも述べたが、東京への引っ越しに伴って、これらのダンボールを一緒には持っていけないという現実に直面したからだった。ダンボールのために広い部屋を借りようとすると、家賃のせいで生活が圧迫されてしまうのだ。もう50歳を超えたこともあり、周囲ではポッポッと〝終活〟というキーワードが聞かれ始めていた。そのことも追い打ちとなって、断捨離を実行に移さざるを得なくなった。

初めての出品、めでたく落札

ネットオークションに出品するのは初めてだったので、まずは一般的な出品の様子を見てまわることにした。一番印象に残ったのは、その出品における一番のウィークポイントを強く前面に出していることだった。魅力だけをアピールするのではなく、ウィークポイントを細かく伝えることで、未然にトラブルを防ごうとしていることが窺われた。写真と文章だけで、入札するかどうかの判断を仰ぐわけなので、さまざまな角度からの情報提供が重要であることを理解した。出品に際しての、コンディションの説明の仕方についても、コンセンサスのようなものがあることを察知したので、いくつかの出品者の文章を参考にしながら、自分なりのひな形を組み立ててみた。

最初の出品には、なるべく確実に落札して貰えそうな行先表示板、いわゆるサボを選んだ（写真❹）。その中には、私が小学生の時に親にねだって買って貰ったサボも含まれていたが、近年は仕舞いこんだままとなっており、その存在も忘れかけるほどになっていたので、この機会に出品することにした。まず始めたのが品物の撮影で、目を留めて貰いやすいように、魅力的に映る角度を考えながら、いろんなアングルからシャッターを切った。その時に気づいたのだが、ひとたびコレクションとして抱え込んだら、わざわざ写真を撮るような機会もなくなるということだった。いざ出品して手放すという段になって、急に愛おしくなり、その魅力を再認識するということも実感した。東京への引っ越しという強制力がなかったならば、やっぱり手放せないと、出品を取り止めていたかもしれない。

無事に出品が終わると、そこからオークション終了までの1週間は、想像以上に楽しいものとなった。とりわけアクセス数が伸びていくのを見るのが嬉しかった。そのアクセス数は、それだけ多くの人に関心を持って貰えたことの証明であり、何だか自分のコレクションを評価して貰えているような気がしたのだ。アクセス数が数百にも上ると、出品者としてのテンションも大幅に上がり、オンライン上でちょっとした個展を開いているような気分になった。いよいよ最初の入札があって、本格的な入札の競争が始まると、そこからは入札者同士の〝闘い〟でもあり、価格がどこまで上がっていくのか、少しハラハラするような気持ちで見守った。途中までは複数人の入札があったが、最後は〝どうしても欲しい〟2人の闘いとなり、残り数分になって相手方より高い価格で入札があると、またまたギリギリのところで入札という応酬となって、ついには決着がついた。ずっと箱の中で眠らせていたサボを、ここまで争ってでも入手を希望する方が出現したことは、私にとっても大きな刺激となった。このことが後押しとなって、100件を超える出品を続けていくことができたのである。

1円出品の明と暗

出品する際に、開始価格をいくらに設定するかは大事なポイントだった。なるべく高値で落札して欲しいという想いは出品者に共通するところだが、あまりに開始価格を高く設定しすぎると、誰も入札してくれずに不成立となる。その点、1円で出品すれば、誰もが気楽に入札ができるので、不成立ということは防ぎやすくなる。ただ、それ以外の誰も入札する人がいなかった場合、本当に落札価格は1円で終わってしまう。

私も複数回、1円で出品して、そのまま落札価格が1円で終了してしまったことがあった。出品までの撮影や説明の作成にかけた時間、さらにそのあと梱包して発送するまでにかけた手間を思うと、1円では割に合わないとガッカリしたものだった。それならばいっそ、ネットオークションなどに出品せず、そのまま捨ててしまったほうが早かったと思ったこともあった。

それでも、自分が大切に保管してきたものを捨てるのもなかなか勇気の要ることで、たとえ1円でも、欲しいと思ってくれた人の元に届けられたという事実だけでも良かったと、気持ちを切り替えるようにした。それに、落札価格は1円であっても、送料は落札者の負担であるので、実際には1円＋送料を払ってでも入手したいと思って下さったわけだ。そのことを拠り所に、たとえ落札価格が1円で終わろうとも、断捨離の手を緩めることなく出品を続けようと思うことができたのだった。

ひと手間が、成果を変える

ネットオークションにおけるアクセス数は、そのまま落札結果にも直結する重要な指標であるが、いつでも思いどおりに伸びてくれるわけではなかった。そんな時は、まず開始価格から引き下げてみた。それでも手応えがなければ、一度出品を取り下げて、トップ画像を差し替えてみたり、タイトルを変えてみたりした。時には出品するジャンルを変えて再出品し、辛抱強く入札を待った。こうした読みが当たった際の喜びはひとしおだった。

いろいろと工夫を凝らしてみても、入札がゼロで終わってしまうこともあったが、ほんのちょっとした手間を加えただけで、入札がゼロから大きく伸びたケースもあった。その最たる例が書籍で、上端や下端に名前のハンコを押してしまっていた本については、それを丁寧に削って出品しただけで、反応が全く違った。もちろん、あまり強く削りすぎて本体まで傷めてしまっては元も子もないので、紙ヤスリやカッターの刃で、地道にコツコツと削った。ハンコの染み込みというのが意外と深いことも初めて知った。上端に1時間、下端に1時間、ずっと手を動かしっぱなしで削った結果、終わった時には周囲に白い粉が雪のように積もっていた。別の書籍では、ラベルを剥がすのに必死になりすぎて、気づけば爪がボロボロになっていた。

鉄道部品を出品する際には、逆に手を加えないで、軽く汚れを布で拭き取る程度に留めたほうが良いように感じた。経年で生じた錆などは、実装品だからこそ生じた本物の証であり、そこに黒ペンキなどを塗ってしまうと、かえって魅力を削いでしまう可能性についても認識した。

鉄道部品で唯一、私がひと手間を加えたのが標識灯で、鉄道の転轍機の傍に設置される標識灯を出品する際には、USBで点灯するLED電球を内部に取り付けた（写真❺）。部屋の明かりを少し落として、標識灯が煌々と輝いている写真を撮影して掲載したところ、アクセス数はその前よりもはるかに多

❺転轍機の標識灯にLED電球を取り付けて点灯可能にしたところ、前回よりも入札件数が大幅に増える結果となった。❻転轍機の標識灯の最後の1個は、出品準備をしているうちに惚れ直してしまい、結局手元に置いて現在も楽しんでいる。

くなり、結果的に落札価格も高値となった。部屋のインテリアにもなるという付加価値が備わったおかげで、数段も魅力が増して映ったことは間違いなさそうだった。これに気を良くして、貨物列車の最後尾に取り付けられていた尾灯にもLED電球を取り付けて出品したが、やはり手応えは上々だった。

転轍機の標識灯については、最後の一個を出品しようと、部屋を暗くして撮影をしているうちに、そのムードに引き込まれ、ついには出品を取り止めてしまった。現在でも私の手元に残して、時々部屋を暗くしては、ぼんやりと眺めている。この標識灯は、実際に鉄道の現場で使われていたものであり、その明かりを頼りに列車が往き来していたことを思うと、大きなロマンを感じてしまうのだ。これが本物の持つ魅力といったところなのであろう(写真❻)。この標識灯は断捨離の最後に出品しようと思っている。

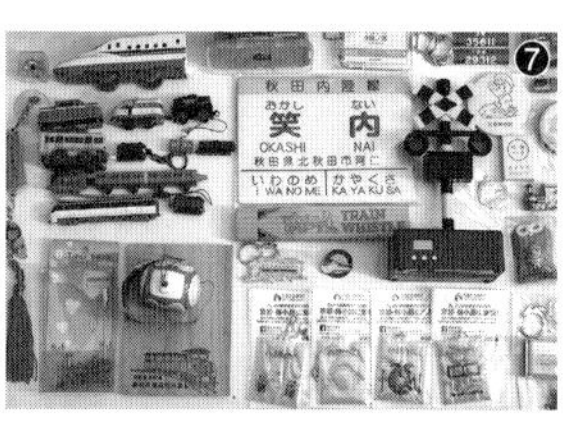

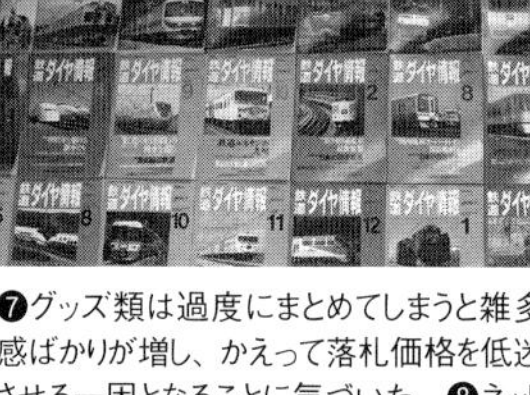

❼グッズ類は過度にまとめてしまうと雑多感ばかりが増し、かえって落札価格を低迷させる一因となることに気づいた。❽ネットオークションでは1円でも入札のなかった雑誌のバックナンバーが、フリマアプリでは送料込みだが1000円近い値段で売れた。

単品か、まとめるか

ネットオークションでは、単品で出品するか、共通するテーマのものをいくつかまとめて出品するかで、大きく落札価格が変わってくる場合がある。送料が落札者負担の場合、まとめて出品したほうが、送料が節約になって歓迎される傾向にあったが、逆にまとめたことで一つ一つの魅力が伝わりにくくなり、落札価格が低値で終わってしまったこともあった。書籍などの場合は、価値が定まっているので、まとめても値崩れを起こすケースは少なかったが、グッズ類の場合は、数が多くなればなるほど雑多感が増すだけで、落札価格はかえって低値で終わってしまうケースが多いように感じた(写真❼)。たとえ手間がかかっても、グッズ類の場合はジャンルごとに分けて出品し、それぞれの魅力をきちんとアピールすることが大切だと感じた。

オークションか、フリマアプリか

ネットオークションと仕組みが近いのがフリマアプリで、私もその両方を活用している。両者の最大の違いは、ネットオークションでは開始価格から踏み上げていくのに対し、フリマアプリでは販売価格から値引き交渉によって下がっていく可能性があることだった。ほかにも、ネットオークションでは終了日時が事前に決められているのに対し、フリマアプリでは終了日時が特に決められていないという違いがあった。

そこで、人気の高い乗車券類や書籍など、欲しい人が多く見込まれる品物の場合はネットオークションに出品し、逆に希望者がいつ現れるかわからない品物の場合はフリマアプリに出品して、後者の場合は値下げ交渉には積極的に応じることで、品物が確実に手元から減っていくように使い分けることにした。

ネットオークションに出品して反応を見てみて、残り1日になってもアクセス数が伸びてこないような場合には、オークションを取り消してフリマアプリのほうに再出品したケースもあった。そうすることで、出品者としては避けたい1円落札を防ぐことができた。過去には、ネットオークションで1円でも入札がなかった出品を取り消して、フリマアプリのほうに再出品したところ、1000円近い値段で売れたケースもあった(写真❽)。

梱包にもいろいろと「裏」が

無事に落札されて、いよいよ発送という段階になれば、なによりも大切なことは、決してサイズや重量をオーバーしないということだった。コンビニで発送する際には、その場で計量などは行われないので、発送前に自宅でサイズや重量にオーバーがないかを確認しておかねばならなかった。もし、うっかりオーバーしていると、発送を完了したつもりになっていても、しっかり手元に返送されてきた。その場合は伝票を再利用できないため、落札者にお詫びをして、送付先を教えて頂かなければならなかった。当然、匿名配送ではなくなるため、ネットオークションの大きなメリットを損なってしまったことになる。「この荷物はお返しします」とラベルが貼られて荷物が送り返されてきた時の絶望感は、一度味わうとトラウマになってしまうほどであった。

梱包に関しては、最初のうちはいろんなサイズの箱をストックしておいて、品物ごとに一番隙間が少ない箱を選んで使っていたのだが、専用箱でもない限り、隙間は必ずできてしまった。そこで、用意した箱をそのまま使うのではなく、箱を切り開いて品物を直接梱包し、隙間を減らす工夫をした。隙間が減ってクッション性が失われる分は、ダンボールを二重、三重に梱包することで補い、折れ曲がる恐れのあるもの

日本郵便か、ヤマト運輸か

ネットオークションの配送で主にお世話になるのは日本郵便とヤマト運輸の二社で、両者の大きな違いは、まず取り扱いを行っているコンビニが異なることだ。日本郵便はローソン、ヤマト運輸はセブン-イレブンとなっている。発送品が大きい場合には、近いコンビニで発送したくなるが、同じ大きさの品物を送る場合でも、重量区分が両者で異なっているため、重量品の場合は日本郵便が割安となるケースも多い。便利さとお得さで賢く使い分けたいところである。

は外側に添え木をして補強した（写真❾）。こんなことを繰り返しているうちに、だんだんと梱包のテクニックも上がってきて、角材を使いながら折り目をピシッとシャープに付けられるようになった。

こんな高値になるなんて！

ネットオークションの鉄道分野でどのようなものが出品されているのか見てみると、書籍、切符、鉄道模型、サボ、銘板、懐中時計、ナンバープレートなどの定番はもちろん、ポスター、チラシ、駅弁掛け紙、スタンプ、貨車車票など、実に多岐にわたっている。ただ、なぜそんな高値で入札されているのか、コレクター以外にはわからないであろうケースも多く見られる。

私自身が出品したケースの中では、駅弁掛け紙が20種類で4000円超、貨車車票が21枚で1万円、駅で無料で押印することのできたスタンプのコレクションが1万円超の価格で落札された（写真❿⓫）。小学生の頃から150以上の駅で押したものであったが、まさかこんな高値で落札されるとは思ってもみなかった。私がさらに驚いたのが、駅貼りのポスターだった。私が高校生だった頃に、「青春18きっぷの発売」や、「ダイヤ改正」を告知するポスターが貼り出されるたびに、駅の事務所に「掲出期間が過ぎたら欲しい」と頼みに行っていたのだが、それらは実家のベッドの下で束になった状態で眠っていた。その存在をすっかり忘れていたのだが、断捨離で部屋を片付けた際にこれらのポスターを発見、ネットオークションに出品したところ、2枚で3万円超えの高値で落札された（写真⓬）。当時は無料で貰ったものが、30年という年月の〝熟成〟によって、大きな価値を生むに至ったことに感動を覚えた。ちなみに私の過去の出品で最高値を付けたのは、やはり愛好者の多い切符類で、入場券や急行券を一挙放出したものが、およそ10万円で落札された（写真⓭）。

いっぽうで、落札価格の予想が難しいと実感したのがチラシであった。やはり駅で無料で配布されていたものであったが、東海道新幹線「のぞみ」のデ

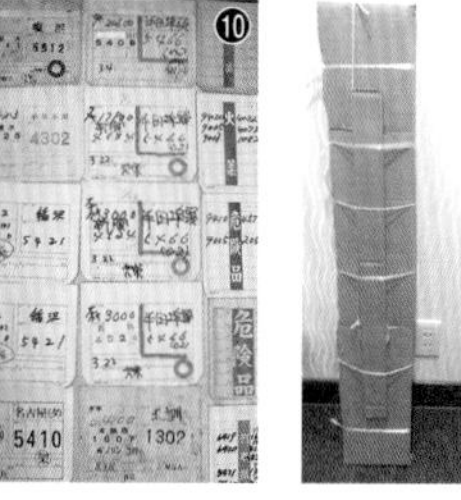

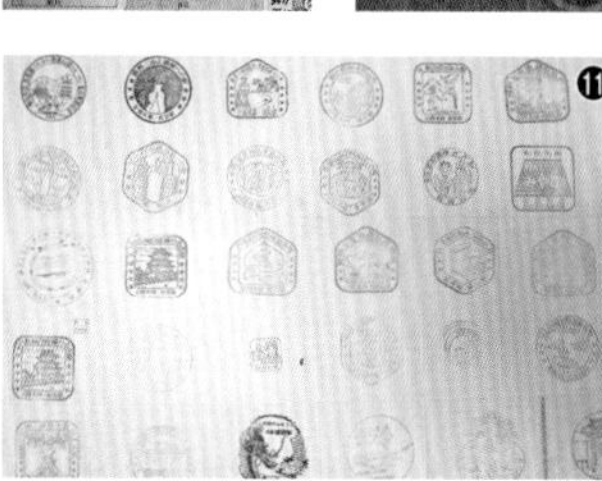

❾数をこなしているうちに梱包の技術が上達した。縦に長いものは輸送中に折れ曲がらないよう角材で添え木を取り付けた。❿貨車車票も試運転や廃車回送などレアなものが含まれていたため、1万円を超える落札価格となった。⓫駅で押したスタンプのコレクションは売れるかどうか半信半疑だったが、こちらも1万円を超える落札価格となった。⓬一番驚いたのが駅のポスターで、「青春18きっぷ」のポスターには2枚で3万円を超える値段が付いた。

ビューを告知するチラシなど、貴重なものを200種類以上まとめて出品したものが、たったの110円で落札されたのに対し、その半分の100種類ほどで出品したチラシが2万円を超える価格で落札された。落札結果は蓋を開けてみるまでわからないのがチラシであった(写真⑭)。

最後までハラハラは続く

　ネットオークションでは、最後までハラハラが続く展開となったケースがいくつもあった。一番のハラハラは、途中から入札者同士の激しいデッドヒートが始まった時だった。入札価格がどんどん上がっていくのを、途中までは嬉しく眺めていたが、それがあまりに過度となってきたときには、さすがにこちらにも焦りが出始めた。そして落札価格が予想をはるかに上回る高値になってしまった時には、実際にお送りした品物に、もし落札者がガッカリされたらどうしようと違う心配をしてしまった。そんな時は、少しでも満足度を高めて貰おうと、制限重量を超えない範囲であれこれとオマケを付けた。次に出品を予定していた品物まで付けたこともあった。

　無事に落札されたとしても、安堵するのはまだ早かった。入金を確認するまでは、「捕らぬ狸の皮算用」となってしまうリスクがあるからだった。支払期限のギリギリになっても入金がない場合などは、また別のハラハラをさせられることになった。そしてついに入金がなかった場合、すなわち無断キャンセルだった場合には、オークションのやり直しということになった。そうしたことも少なからず経験した。

　無事に入金を確認して、あとは発送という段になっても、まだハラハラは潜んでいた。私は実際にやってしまったのだが、まだ伝票を発行する前だったのに、スマホで間違って「発送済み」と押してしまったのだ。このミスをやってしまうと、もう伝票は発行できない。品物を手に、コンビニまで来て、発送完了を目前にしていたのに、すべてが台無しとなった。落札者に詫びて送付先を尋ね、別の手段で発送するしかなかった。まさに天国から地獄への転落のようであった。

⑬出品した中でも最高値となったのが切符のコレクションで、硬券入場券や急行券がおよそ10万円で落札された。⑭駅で配布されていたチラシは値動きを見極めるのが難しく、200種以上で110円かと思えば、100種ほどで2万円を超えるケースもあった。

見覚えのある品物が出品されている?!

ネットオークションを眺めていて、何だか見覚えのある品物が出品されているのに気づいたことがあった。かなり特徴のある品物だったので、それは私が過去に出品したものを、落札者が再び出品したものであることは間違いなかった。そのこと自体はネットオークションではよくあることなのだが、私が思わず憮然としてしまったのが、私からの落札価格よりも数段高い開始価格が設定され、その価格でもしっかりと入札があったことだった。それはすなわち、私の目利きが不十分だった結果、その商品が持つ本来の価値よりも低く出品してしまい、それを見抜いた落札者によって再出品され、真価が引き出されたというわけだった。ほかにも、私がまとめて出品した品物を、落札者が細かく分けて再出品した結果、いずれも価格が上昇しているケースがあった。手間を惜しむような真似をすれば、そのまま報いとして返ってくるものなのだと悟った。それからは、少々手間であっても、ジャンルごとに細分化して出品するように心掛けている。

寄付、そして確定申告

ネットオークションでは、幸いにも売上金の総額が100万円という区切りのいい金額にまで達したので、鉄道をテーマとする博物館に寄付を行った。実は、ネットオークションを始めてからずっと思っていたことだったのだが、自分がこれまで集めたコレクションを評価して落札して下さった方々の資金は、鉄道の文化振興に役立てて貰おうと考えていた。私はこれをクラウドファンディングの逆バージョンと捉えていた。通常のクラウドファンディングでは、先にプロジェクトの提示を行って、賛同者からの資金提供を募るのだが、私は先に資金提供を頂いてからプロジェクトに寄付を行ったので、通常とは逆のように思ったのだ。ネットオークションの最後には、きちんと確定申告も行ったが、そこまでを正しくやらないと社会貢献とはならないので、そうした点でもマメさを要求された。

こうして、収集活動から始まった私のコレクションは、出品活動にまで到達したことで、有効に活用することができた。溜め込んでいた大量の書類も、出品したもの以外は古紙回収に出したが、玄関に積み上がった古紙の量は自分でも驚くほどだった(写真⑮)。部屋の中に屹立していた巨大なスチール棚もすべてなくなり、断捨離は極めて順調に進行中である。

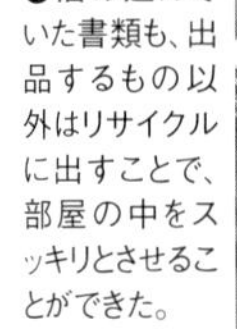

⑮溜め込んでいた書類も、出品するもの以外はリサイクルに出すことで、部屋の中をスッキリとさせることができた。

四　仲介活動の「裏」

危機把握から移設先確保まで

❶移設が主軸となる仲介活動は、さまざまな制約の中で行うことになるが、阪急550形でのケースのように、達成された時の喜びは大きい。

阪急550形が実在していた?!

仲介活動とは、何かしらの事情で保存している車両を手放さなければならなくなった所有者と、その車両を受け入れたいという希望者を繋ぐ活動である。仲介活動でもっとも重要なことは、車両を手放さなければならないという危機と、車両を探されているという情報を、どちらもできるだけ早く把握することだ。特に前者は、そこに置いておけないという事情に起因しており、時間的な制約があるケースが多いからだ。そうした制約の中で仲介を成立させることができなければ、車両が滅失してしまうというプレッシャーが背後に控えており、なかなかスリリングな活動となるが、それだけに成功した時の達成感は大きい。

仲介活動の中でも、特に印象深かったのが、阪急電鉄の550形のカットモデルのケースだった(写真❶)。カットモデルが岐阜県のアルナ輸送機用品株式会社に存在しているという話は聞いたことがあったものの、インターネットがこれだけ発達した現代にあっても、写真の1枚もヒットすることがなく、果たして今でも存在しているのか、私自身も見当がつかない状況であった。

阪急550形

阪急電鉄550形は、前身である京阪神急行電鉄が、戦後初めて、宝塚線向けの新形式として1948年及び1951年に16両を導入した。第二次世界大戦後の車両不足で困窮していた時期に、復興の牽引役を担い、その後も神戸線・箕面線・伊丹線・甲陽線などで活躍、1969年のさよなら運転をもって引退した。その運転席部分が岐阜県養老町のアルナ輸送機用品の手で保存されていたが、保存の継続が困難となり、無償譲渡先の公募を経て、大阪府豊能町の吉川八幡神社で保存された。

そんな時、確実な情報に恵まれた。第1章でもご登場いただいた、アルナ輸送機用品株式会社の森本さんから、「現在でも保管はしているが、トップは処分したい意向なので、引き取りできる人が居れば譲っても良い」とのお話しが知人を介してあった。私にとってのそもそもの驚きは、阪急550形のカットモデルが現存していたことだった。

　2020年2月のことであったが、この短い一文の中に、重要な内容が2つ含まれていた。ひとつは、「トップは処分したい意向」という点で、恒久的な保存が保証されている状況ではなく、滅失の恐れがあるということ、もうひとつは、「引き取りできる人が居れば譲っても良い」という点で、処分が不可避というわけではなく、外部への譲渡が容認される可能性があるということだった。

　こうした場合、私は迅速かつ確実な引き受けの意思を先方に伝えることが大切であると考えていた。そして、いざという場合には私自身で引き取る覚悟を決めて臨むようにしていた。

　550形のカットモデルの場合も、その覚悟を決めて臨んだ。ただし、最終的に私自身が引き取ることになった場合には、置き場所として確保できるのが、第三章で触れた福井県敦賀市の新疋田ミニ鉄道公園だけで、阪急電鉄とは全く縁がない場所となってしまうことが難点だった。そこで仲介活動の実施に当たっては、阪急電鉄との縁がある受け入れ場所の確保をなにより重視することにした。

❷阪急電鉄正雀工場には歴代のカットモデルが保存されていて、定期的な一般公開が行われていることから理想的な環境と考えた。❸すぐ傍を養老鉄道が通っていたが、車内の乗客でここに550形が保管されていたことに気づいていた人はほとんどいなかったであろう。❹仮設テントの中には、確かに550形が存在していた。現代の夢物語を見ているような気分だった。❺機器類はすべて現役当時のままで、ここだけを見れば現役の車両かと思ってしまうほどであった。❻クレーンで仮設テントが徐々に吊り上げられてゆき、まさにベールを脱いでゆく550形。❼自然光の下で見る550形は、艶やかなマルーンカラーで輝いていた。株式会社堀田建設の大切な保管のおかげだ。

焦点は移設をどうするかに

　私としての覚悟を決めたうえで森本さんにご連絡をしたところ、「無償で譲渡するが、輸送費は負担して欲しい」とのご回答を得た。これで、550形のカットモデルを巡る焦点は、滅失の恐れという点から、移設をどうするかという点に移った。ここで、私から森本さんにひとつの提案を申し出た。それは、すでに歴代のカットモデルが保存されている阪急電鉄の正雀工場で、この550形のカットモデルを展示できる可能性はないか、その確認を最初のステップにさせて頂きたいというものだった(写真❷)。

私が正雀工場にこだわった理由は、歴代のカットモデルが保存されているからだけではなく、毎年「レールウェイフェスティバル」として公開が行われているからだった。550形が宝塚線にとって戦後初の新形式というエポックメイキングな存在であり、戦後の阪急電車を製造してきたナニワ工機の第一号という記念すべき存在であったことから、より多くの方の目に触れる場所であることが何より大切だと思ったのだ。森本さんは再度、阪急電鉄の意向を確認して下さった。しかし、阪急電鉄からの回答は、場所の問題で引き取りは困難というものだった。これでいよいよ、550形の最終的な責任は、私の手元へと移った。

森本さんから下見のご招待を頂いたので、2020年4月に、初めて550形のカットモデルとの対面を果たした。その保管場所は工場からは少し離れていたが、養老鉄道の線路からはすぐの位置にあり、養老鉄道の7900形が真横を通過していった(写真❸)。緑色の仮設テントのファスナーを開けると、中には間違いなく550形が現存していた(写真❹❺)。こういう時の感情を、筆舌に尽くし難いと言うのであろう。戦後の復興輸送を担った貴重な550形が、噂ではなく目の前に実在しており、しかもその命運が私に託されたのだ。責任感とやりがいに思わず武者震いをしてしまいそうだった。

沿線すべての首長に手紙を書いたが…

阪急宝塚線の沿線に所在するすべての自治体はもちろん、550形が活躍したことのある神戸線、箕面線、伊丹線、甲陽線の沿線に所在するすべての自治体の首長、そして大阪府知事にも手紙を送った。ほかにも沿線に立地する動物園、博物館、美術館など、あらゆる公共施設に手紙を送ったが、結果は全滅だった。しかし、あまり落胆はしていなかった。最初からそんな甘い見通しを立てていたわけではなかったので、これは想定の範囲内であった。そこで次に実施したのが、全国に向けた無償譲渡先の公募であった。550形の価値を考えれば、欲しいと思う施設や個人はどこかに絶対いるに違いない、あとはどうやって公募を行っているという情報を届けるかだけだと考えていた。公募はいわば最終手段であったため、今度ばかりは失敗をするわけにはいかなかった。失敗すれば、多くの人に見て貰いたいという当初の理想は実現が遠のいてしまう。そこで新聞やテレビなど、あらゆる方面にプレスリリースを届けて、機会があるごとに二重、三重に情報の拡散を図った。

　幸い、全国紙での報道なども大きな助けとなって、早くから手応えがあった。期限内に応募のあった中から、森本さんとの最終的な協議を経て、無償譲渡先を大阪府豊能町の吉川八幡神社に決定した。吉川八幡神社が選ばれた理由は、すでに能勢電鉄1500系のカットモデルを保存されているという実績と、550形のために保存会を立ち上げたいという熱意、そしてなにより、交通事業者からの信仰を集めているという点で、能勢電鉄の車両安全祈願も吉川八幡神社が執り行っていた。

　神社の関係者に選考結果を伝えると、さっそく550形の下見に足を運んで下さった。私が緑色の仮設テントの中で初めて550形と対面した時と同じように、下見に訪れた関係者からは嘆声が漏れた。私はというと、初めて550形と対面した時とは全く違って、達成感と安堵感でホッとため息をついていた。

❽カットモデルの積み込み作業は、重量バランスや部材の強度の問題もあって、ほぼ1日がかりとなった。❾トラックに載せられて無事に出発、その姿を安堵感一杯に見送った。この搬送シーンは後日にテレビでも放映された。❿能勢電鉄1500系と並んだ550形。理想的な保存の姿を自分の目で見た瞬間、これまでの苦労が報われた想いがした。⓫仮設テント内で見た際には機器類の色調が正確にわからなかったが、自然光の下では、保存状態の良さが改めて実感された。

「550」という数字からの連想

　カットモデルの前面には「550」という数字が大きく表示されており、もし無償譲渡先の公募でも難渋した場合には、この数字にちなんだ場所への提案を行うことを計画していた。その筆頭が郵便番号で、「550」は大阪西郵便局の管轄に当たるため、カットモデルを活用した“日本一大きな郵便ポスト”を実現できないかと日本郵便株式会社に提案してみる心積もりであった。幸いにも公募段階で無償譲渡先が決定したため、この提案は行うことなく終わった。

ついにベールを脱いだ!

　2021年4月26日、この日はいよいよ550形が旅立つ日であった。朝からそれを祝うような好天に恵まれた。クレーン車が到着すると、550形を覆っていた緑色の仮設テントがゆっくりと吊り上げられた。中からは、550形が徐々に太陽光線を浴びながら姿を現した。まさに〝ベールを脱ぐ〟という表現がぴったりだった(写真❻)。私自身も、550形を自然光の下で見るのはこれが初めてだったが、ボディの艶やかなマルーンカラーは、まるで昨日まで現役であったかのようなコンディションだった。この日が来るまで、550形を預かって下さっていた株式会社堀田建設の手で、どれほど大切に守られて来たかを証明していた(写真❼)。

クレーン車の到着から、550形の吊り上げと積み付け、そしてトラックの出発まで、休憩を挟んで7時間を超える長丁場となった(写真❽)。無償譲渡先の告知段階から密着取材をして下さっていたテレビ局のクルーたちも、トラックの姿が見えなくなるまで、一緒に見守って下さっていた(写真❾)。

吉川八幡神社で再び550形と対面したのは、それから1年近くが経過した2022年3月のことだった。神社の関係者が写真を送って下さったので、能勢電鉄1500系と並ぶ550形の様子は画像としては見せて頂いていたが、新型コロナウイルスの蔓延に伴って、なかなか実際に伺うことが叶わなかったのだ。当日は森本さんと一緒に、期待を胸に神社へと続く長い坂道を歩いた。真正面に550形の姿が目に飛び込んできた瞬間、それまでのすべての苦労が一瞬で報われた想いがした。(写真❿⓫)

吉川八幡神社

吉川八幡神社は、能勢電鉄妙見口駅近くで平安時代より鎮座している。その管理地面積は3,300坪で、東京ドーム約1個分にも相当する。吉川八幡神社では、すでに能勢電鉄1500系1552号の台車と運転台を展示されており、阪急550形550号もその隣に設置され、維持管理のために『阪急550形を守る会』が結成された。

五　修復活動の「」

資材調達から塗装作業まで

衝撃的であったC2形との出会い

修復活動は、全国各地に保存されている鉄道車両で広く行われているが、私がここで述べる修復活動は、それとは少し異なっている。それは押しかけのようなスタイルで行うことになる点であった。そのような修復活動が、どのような状況下で必要となるかと言えば、外観の劣化でその価値が理解されにくくなり、このままでは将来的に滅失してしまう恐れがあるような場合であった。外観整備を行うことで、その価値を再認識して貰い、その後の保存継続に繋げて頂けるよう、そのきっかけ作りを押しかけで行うといったスタイルだった。外観整備に掛かる経費はすべて私のほうで負担し、整備作業そ

❶初めて目にした時のC2形は、窓ガラスがすべて欠損し、ランボードが腐朽して雑草が生えている有様だった。

のものも私自身で行ったのだが、その目的はあくまでもきっかけ作りであるので、それを機に価値の再認識が進まなければ失敗という修復活動だった。

前述の通り、全国各地には多数の鉄道車両が保存されているが、それらの近況を確認するための巡礼に繰り返し出かけている。一巡目を終えて二巡目、三巡目となる車両がある一方、まだ一巡目を終えていない車両も存在した。岐阜県多治見市の元国鉄C2形貨車移動機も、まだ一巡目を終えていなかった車両のひとつで、同形としては全国で唯一の現存例と見られていた。初めて訪れたのは2017年10月のことだったが、その姿を見た時の衝撃は忘れられない。窓ガラスは一枚残らず失われ、ドアも1か所が欠落、ランボードの床材はすべて抜け落ち、台枠には土がたまって雑草が生い茂る状態となっていた(写真❶)。

このC2形貨車移動機とは、戦後に国鉄が入換作業の機械化を図って、1949年から導入した小型の動力車で、導入の背景としては、全国で3748か所あった貨物取り扱い駅のうち、半数以上の2233駅で手押しによる入換が行われていたことにあった。手押しの場合、積車だと1両に6~7人の人手を要することもある重労働で、戦後の貨物取り扱い量の増加に加えて、貨車移動作業を国鉄の直轄で行わねばならなくなったことによる人手不足の事情も重なったため、入換作業の機械化が急がれることとなった。

そこで誕生したのがC2形貨車移動機で、戦前のC形貨車移動機をベースに、その改良型として製造されることとなった。費用を抑えつつ、早急に造ることを目的として、省営自動車(のちの国鉄バス)の廃車発生品である40馬力のガソリンエンジンを転用することとなり、製造は国鉄工機部(のちの国鉄工場)の直轄で行うこととなった。橋本工機部と京都工機部で100両以上が製造され、長野、浜松、多度津の各工機部でも製造が行われた。当初は300両が製造される計画であったが、最終的な製造両数は140両だった。また、40馬力のガソリンエンジンでは、換算両数で7両程度しか牽引できず、その後にエンジンの載せ替えも行われた。

貨車移動機の形式分類については、月刊誌でも一度発表しているが、全体像を把握するために、ここでも改めてご紹介させて頂きたい。まず「C」などのアルファベットであるが、これは自重による分類を表しており、「C」であれば5t、「E」であれば8t、「F」であれば10t、「L」であれば20tを表していた。さらに「C」に続く数字が細分類を表しており、具体的には以下のように定められていた。

C形：アセチレン代燃試作機
C2形：省営自動車エンジン再用機
C3形：蓄電池式試作機
C4形：蓄電池式試作機
C5形：標準型量産機
C6形：出力増強型
C7形：トルコン搭載型
C8形：半キャブ型

C2形が、国鉄の制式な貨車移動機としては初めて、量産化に成功した形式となったが、発展型が次々に造られるようになり、さらに「F」形などが普及してくると、C2形は次第に姿を消していった。そんな中、C2形の数少ない生き残りとして知られていたのが、国鉄から民間に払い下げられた2両で、岐阜県多治見市の東濃鉄道笠原線の市之倉口駅に接続していた、耐火物メーカーの東京窯業（現・TYK）の専用線で貨車の入換や駅までの牽引に活躍していた。そんな2両も、1978年に東濃鉄道が廃止になると、活躍に終止符を打った。2両のうち、1949年に浜松工機部で製造されたC2形を前身とする「No.2」だけが、解体されることなく敷地内に存置されたが、これが国内唯一のC2形の現存個体であると考えられていた。

陶芸家の手で救い出されたC2形

それから20年以上が経過したある時、地元の窯元である「幸兵衛窯」の七代目、加藤幸兵衛さんは、TYKの敷地の近くを通りかかった際にボロボロとなっていたC2形を見かけ、所有地内に新しく線路を敷いてC2形を引き取られた。その移設保存からも15年が経過し、引き取られた時点ですでにボロボロであったC2形は、さらに老朽化が進行し、2017年10月に私が初めて訪れた時には、あの衝撃の姿となっていた。

このままでは遠からず崩壊してしまう、そう感じた私は、高名な陶芸家の先生をアポイントもなしに訪ね、ボランティアで修復をさせて頂きたいと申し入れた。加藤さんも、元々C2形に愛着を覚えられたからこそ、線路まで敷設して迎え入れられており、私からの申し入れも快諾して下さった。

技術も資金もない中、なぜ無謀にも？

TYK専用線での活躍を終えてからで通算すれば、約50年も雨ざらしになっていたC2形を、全くの素人の私が、たった1人で外観整備を申し入れたのには、技術的な裏付けがあったわけでも、具体的な見通しが立っていたわけ

でもなかった。無謀にも思える申し入れを支えていたのは、とにかく色だけでも塗り直せば、見違えるほどに印象

❷作業第1日の最初に行ったのは詳細な記録で、再び撮影できない姿であるため、いろんな角度からシャッターを切った。❸標記類は非常に大切な歴史的痕跡で、「自重（運転整備）5t」「最大速度15／時」などの文字が読み取れる。❹検査標記も残っており、「46-12 43-12 甲 名械区」はおそらく国鉄で施行された時の整備記録であると思われる。❺床下もしっかりと記録しておいた。動力車とは思えないほどのプリミティブな構造が新鮮だった。

が変わるはずだという信念だけだった。プロに依頼すれば数十万円以上は掛かるに違いない外観整備を、大した工具も資金もなしに、とにかくアイデアと体力だけで甦らせる心積もりで、まずは材料集めから着手した。

DIYを普段から楽しんでいる私にとって、こういう時に一番頼りになるのがホームセンターで、欠落していたドアは、コンパネで作成することにし、抜けていた床板も、大部分はコンパネを活用することにした。ほかにもネジなどの必要な資材の大半は、ホームセンターで揃えることができた。

ホームセンターで入手しにくいのが、ステップに使う厚手の木材であったが、これは廃材のリサイクルセンターを訪ねて、厚さ3センチほどの大きな廃材を300円で買った。本来であれば粉砕機で処理して再生原料やバイオマス発電の燃料になってしまうところだったが、素材のままで買いたいという私のリクエストを快く聞き届けて下さり、他にも欲しい木材があれば持ち帰って下さいとの嬉しい言葉に、しっかりと甘えさせて頂いて、使えそうな木材をいくつか持ち帰った。

腐朽した床板は、コンパネや木材で何とかなる目途が立ったが、一番の難題は窓ガラスであった。王道としては、窓枠を外して専門店に持ち込み、サイズに合わせてガラスを切り出して貰うことであったが、それだと費用が高いうえに、そもそも錆で窓枠が外れず、嵌め込むことにも大きな困難が予想された。何か代用になるものはないかとホームセンターを歩き回っているうちに、厚手の硬質塩ビ樹脂板が目に留まり、これを使おうとひらめいた。重要なのは厚みで、あまりに薄いとフロントガラスとしての平面が出ないし、あまりに厚いと窓枠に嵌らない。適度な厚みの硬質塩ビ樹脂板を探し当てられたことで、難題をひとつクリアした。

作業第1日(2016年4月1日)

この日は、朝5時すぎに岐阜県多治見市に到着した。なぜこんなに朝早く行ったかと言えば、修復活動というのはたいてい、予想外の作業工程がどこかで生じて、最後は日没で作業が中断するのがお決まりだったからだ。実はもうひとつ、「裏」の理由があって、それは作業を一緒にやってくれるボランティアの募集を行ったのだが見つからず、すべての作業を1人でやり抜くことが確定したからだった。そのような諸々の事情もあって、夜明けとともに作業に着手したいと思ったのだ。最初に取り掛かったのは、作業開始前の入念な記録撮影と、それに続く標記類のマスキングだった(写真❷)。作業を急ぐあまり、記録撮影や標記類のマスキングを怠ると、ビフォーアフターの様子がわからなくなるだけでなく、貴重な歴史的記録が失われてしまう恐れがあるからだった。C2形の車体には、「最大牽引車数(換算)7」の標記が残っていたので、各種文献に記載されていた内容とも一致していた(写真❸)。ほかにも「44‐12」の標記が見られたので、おそらくこれが国鉄における最終の整備と塗装だったのであろう(写真❹)。このあと本格的に作業を始めてしまうと、カメラを手にすることも難しくなるため、床下まで念入りに撮影しておいた。製造当初から変わらないであろうプリミティブな床下の構造には、大いに目を奪われた(写真❺)。

ここからの作業では電源をお借りすることができたので、電動工具を使用して、入念な錆び落としを行った(写真❻)。小さく見えたC2形も、入り組んだ部分の錆び落としなどに予想外の時間を要し、ここまでで6時間を消費してしまっていた(写真❼)。それから黄色の塗装へと入っていったのだが、錆び落としの時と同じく、細かい部分の塗装にどんどん時間が消費されていった(写真❽)。案の定、塗装を終えた頃には、すっかり日は暮れていた。初日の作業では、夜明けから日没まで、トイレと食事以外はほとんど休憩も取らずに作業を続けたおかげで、何とかボディと台枠に黄色のペイントを入れるところまでは持ち込めた。作業終了後に記録撮影を開始したが、ライトに照らし出されたC2形は、見違えるほどに美しくなっていた(写真❾)。1人

C系貨車移動機の保存車

国内におけるC系貨車移動機の保存車は大変少なく、今回ご紹介したC2形のほかでは、北海道滝上町の北見滝ノ上駅舎記念館にC6形と推定される1両、そして東京都大田区の萩中公園にC6形が1両、それぞれ保存されているのみとなっている。製造された両数に対して保存車の数は少なく、いずれも貴重な存在である。

でカメラを向けていると、何だか貸切撮影会のような雰囲気に感じられて、一日の疲労感が吹き飛ぶ思いだった。ここだけは役得と喜び、満足感に充たされて帰途に就いた。

作業第2日(2018年4月8日)

この日もやはり早朝に到着した。床板を設置する準備段階として、窓枠と床板の寸法取りや、土砂の除去といった軽作業から始めようと考えていた。この土砂の除去という謎の作業が生じた理由は、なぜか貨車移動機の後部に土砂が入れられており、そのせいで雑草が生え放題となっていたためだった。

この一見地味そうな土砂の除去が、すべての作業の中で最大の誤算と驚きを生み出した。土砂の除去を始めた当初は、文字どおり土や石ばかりが出てきたが、掘り進めていくうちに、金属製のボルトが出てくるようになった。それもずいぶんと太いボルトで、途中で破断したものや、ナットが付いたままのものなどが次々と出てきた。最初の数個までは、たまたま土砂に混入したものかと思っていたが、そこから先は同じようなボルトが続々と出てきて、ついにはとんでもないものが出てきた。何と、SLに使われていたらしいコックハンドルが出てきたのだ。ここでようやく、これらのボルトやナットなどの屑鉄は、偶然に混入したものではなく、意図的に入れられたものだと気づいた。おかしな位置で破断したボルトを見つけた時は、事故車両の修理の際に取り外されたパーツの可能性も頭に浮かんだ。そこからはもう宝探しの気分だった。しかし、同時に作業が急激

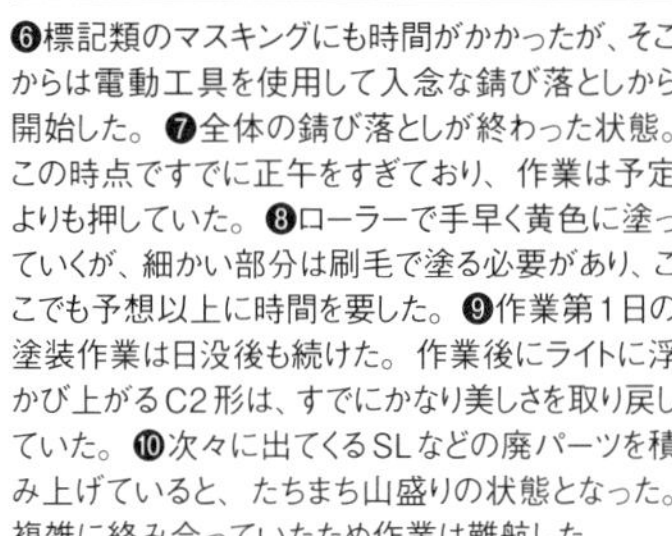

❻標記類のマスキングにも時間がかかったが、そこからは電動工具を使用して入念な錆び落としから開始した。❼全体の錆び落としが終わった状態。この時点ですでに正午をすぎており、作業は予定よりも押していた。❽ローラーで手早く黄色に塗っていくが、細かい部分は刷毛で塗る必要があり、ここでも予想以上に時間を要した。❾作業第1日の塗装作業は日没後も続けた。作業後にライトに浮かび上がるC2形は、すでにかなり美しさを取り戻していた。❿次々に出てくるSLなどの廃パーツを積み上げていると、たちまち山盛りの状態となった。複雑に絡み合っていたため作業は難航した。

に大変になってきた。ナットが複雑に絡んで、1本を掘り起こすだけでも、かなりの時間を要するようになってきたのだ。

土砂も屑鉄も開始当初は一緒に捨てていたが、お宝だと気づいてからは、分けて積み上げるようにした。それからも、破断したリベットや、どこに使われていたのかわからないリングなどがザクザクと出てきて、およそ3時間を要した発掘作業を終える頃には、うず高く積み上がるほどになっていた（写真⓾）。

なぜこんなに廃パーツが詰め込まれていたのか。それはおそらく、C2形が軽すぎて、貨車を牽引する時に空転してしまい、現場から使いづらいという声が挙がったためであろう。そこで工場では、手近にあった重量物として、SLなどの廃パーツを死重として詰め込み、空転を防ごうとしたのではないかと想像された。後日、この推論を鉄道誌の元編集長にお話ししてみたところ、その可能性はありうると賛同を頂けた。

では、これらの廃パーツは、いつ詰め込まれたのであろうか。もし、設計段階で空転の可能性が織り込まれていたのであれば、もっと正規のパーツを組み込んだであろう。現場からの困窮の声を聞いて、工場が臨機応変に対応したということではなかったかと推定できる。何とも人間臭いドラマではないか。設計図面には反映されない、こうした歴史的な痕跡こそ、実車だけが持ち合わせている価値と魅力だと感じた。

ところで、これらの廃パーツの出どころであるが、詰め込まれた時期が、C2形の製造からまもなくか、あるいは貨物の需要がピークを迎えた昭和30年前後であったとすれば、その頃に解体された明治や大正生まれのSLであったかもしれず、楽しい想像ばかりが膨らんだ。

そんなことをしているうちに、作業第2日も作業時間が大いに延びてしまい、日が傾く頃になっても、ほかの作業には何も手が付けられないままだった（写真⓫）。この日は結局、土砂の除去だけで一日が終わってしまった。

作業第3日（2016年5月20日）

確保していた作業日程は、残り2日。この日はテレビ局の撮影も入る予定となっていたため、クルーからの要望に沿った作業シーンを展開する必要も出てくることが予想された。そこで作業スケジュールを事前に作成し、テレビ局にも提出して、作業と撮影が、できるだけ効率的に進むように計画を練った。作業時間は午前8時から午後6時までを想定し、雨天時は作業順序を変更して取り組むプランとした。

現場に入ってからすべての加工をしていると時間が足りなくなってしまうため、コンパネは購入時にホームセン

⓫作業第2日を終えた姿は、作業第1日の終わりとあまり変化がないが、奥側の車輪の脇にある廃パーツの山がこの日の成果だった。⓬スチール部分の錆落としも、電動工具が使用できたおかげでずいぶんと効率的に進んだ。⓭キャブ前面には木部の腐朽があったため、角材の切り出しを行う。その様子をテレビ局のカメラが追った。⓮窓枠も一部が欠損していたので、ここにも角材を切り出して取り付けた。こうした作業はすべて現場合わせとなる。⓯キャブ内部は付着して残っていた塗料を参考に、全体をアイボリーに塗った。⓰子供たちから「塗らないの?」との指摘を受け、連結器を黒色に塗り直す。黄色のボディに黒色が付かないよう養生しながら作業を進めた。⓱車輪も黒色に塗装したが、複雑に入り組んでいるため根気のいる作業となった。終わってみると顔のあちこちにペンキが付いていた。⓲ヘッドライトは写真から直径を約16センチと推定、レトロなデザインのものをネットで見つけて購入した。⓳作業第4日を終えて、あとは窓に樹脂板を入れ、ヘッドライトを装着すれば完成というところまでこぎ着けた。一連の作業では、市之倉さかづき美術館の方々に、電源確保などさまざまな点でご助力を頂いた。

ターでカットして貰い、窓部分の切り抜きは自宅でジグソーを使って事前に済ませておいた。当初はドアレールを設置して、ステンレスの滑車でドアをスライドで開けられるようにすることを計画したが、ドアが落下するリスクを考えて、これは採り入れないことにした。

事前に作業スケジュールを作成して臨んだことが功を奏し、予定していた作業を順調にクリアすることができた。しかも、普段は1人で作業を行っているため、自身の作業シーンをタイムリーに記録することが困難だったが、テレビ局の方が撮影をして下さったおかげで、きちんと記録が残った上に、私は作業に集中することができた。それでも、「2　ドアと窓の整備」までは手が回らず、これは後回しにすることとした。

作業第4日目(2016年5月21日)

確保していた作業日程の最終日、前

1:運転室内の整備(目標:6時間)

・スチール部分の電動工具での錆び落とし(写真⓬)
・残存木製部品の劣化塗料のサンドペーパーでの削り落とし
・運転席フロント部分の欠損部への板の補充(写真⓭)
・木製窓枠の欠損部への板の補充(写真⓮)
・運転席シート部分の破れのテープでの修復
・運転席背もたれ部分の板の補充
・窓枠部分の残存ガラス片の除去
・掃除機による室内清掃
・運転室内の全体のアイボリーでの塗装(写真⓯)

2:ドアと窓の整備(目標:4時間)

・コンパネで造ったドアを黄色に塗装
・反対側ドアの穴部分の補修と再塗装
・ドアに硬質塩ビ樹脂板の窓の取り付け
・窓枠のステンレス製蝶番による固定
・窓枠への硬質塩ビ樹脂板を挿入と固定

日と2日連続で好天に恵まれた。この日も前日と同様に作業スケジュールを事前に立案し、お披露目ができる姿にまでこぎ着けることを目標とした。

前日に引き続いて、テレビ局の撮影も並行しながらの作業再開となった。通りかかった子供たちからは、床下を指差して、「なぜ、あそこはペンキを塗らないの?」との鋭い指摘を受け、作業の順序を変えて、先に連結器や車輪の黒色への塗装を行った(写真⓰、⓱)。確かに子供たちの言う通り、下回りが錆色から黒色に変わると、ぐっと引き締まった印象に変わった。

加藤幸兵衛さんからは朗報が届いた。なんと、C2形のために車庫が設置されることが決まったのだ。それだけでなく、線路も新たに敷いて、市之倉さかづき美術館や幸兵衛窯作陶館を訪れた人たちから見やすい位置に移動させることも決まった。加藤さんの働きかけで、多治見市まちづくり活動補助金や、公益財団法人とうしん地域振興協力基金、そしてTYKの当時の社長であった牛込進さん、市川工務店などのご協力が得られて実現したことを、後で知ることとなった。

この展開は、まさに望んでいた、いや、望んでいたよりも、はるかに上を行く出来事だった。修復活動を行うことによって、価値を再認識して貰い、その後の保存継続に繋げたいというのが目標であったが、まだ修復活動も終わっていない時点で、その道筋ができあがったのだ。

新しく敷き直されるレールに、C2形が移設されることが確定したため、窓枠に硬質塩ビ樹脂板を入れる作業は、クレーンによる吊り上げの作業が終わったあとで、改めて行うことにした。

3: ランボード（室外床板）の整備（目標：2時間）

- コンパネの電動ジグソーでの整形
- コンパネ表面の黒色への塗装
- 残存する劣化ボルトの切断
- コンパネのアンカーによる固定

4: 下回りの整備（目標：2時間）

- 防塵マスク装着で下回りの土砂除去
- 連結器の黒色への塗装（写真⑯）
- 車輪の黒色への塗装（写真⑰）

5: ステップの整備（目標：2時間）

- 残存する劣化ボルトの切断
- ステップの木ネジでの固定

6: ヘッドライトの整備（目標：2時間）

- ヘッドライトのリムを取り付け
- LED電球のソケットと配線を取り付け

「6　ヘッドライトの整備」は、C2形の印象を大きく変える作業となるため、特にこだわったことのひとつであった。すでにヘッドライトはリムごと失われていたため、古い写真などから、直径はおおよそ16センチと当たりをつけ、バイク店などを探したが、昭和20年代に製作されたC2形にマッチするような古風のものは見つけることができなかった。それからもネットなどで探しているうちに、ようやくこれだと思えるものを手に入れることができた（写真⑱）。このあとクレーン作業が入ることを考慮して、ヘッドライトの取り付けと窓枠の作業は同時に行うことに変更、4日間の作業を終了した（写真⑲）。残りの作業は、C2形の移設が終了した後に、改めて行うことにした。

作業第5日（2018年9月30日）

その年の7月に新しい車庫が完成し、

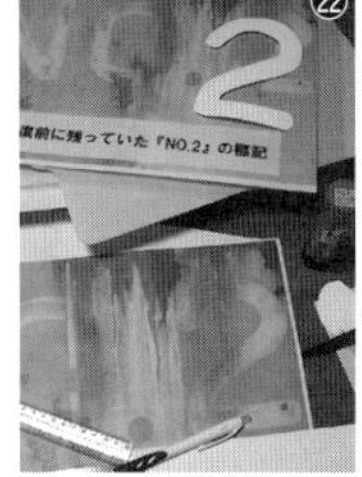

⑳加藤幸兵衛さんが描かれたイラストを元に完成したC2形のための車庫。左側には解説板も新たに建てられた。㉑小さなC2形が載るにはずいぶんと長いレールが準備され、これであればいつ動態復元となっても大丈夫と思えるぐらいだった。㉒車体に残っていた標記を写真に撮り、それを実物大にまで拡大して、カッティングシートを切り抜いた。㉓レタリングはこれまであまり経験がなかったが、マスキングテープで位置決めを行いながら慎重に貼付を進めた。

その下へと移動した後のC2形と対面するのは、この日が初めてだった。ゆったり大きめに造られた車庫は、C2形をしっかりと守ってくれそうだった（写真⑳）。屋外での保存では、露天であれば数年程度で塗装が傷んできてしまうため、修復活動を行ったことがきっかけで、車庫の設置にまで至れば本当に大成功なのであるが、C2形の場合は、その車庫が早くも設置されたのだ。雨の中、しばらくC2形と車庫を交互に眺めたが、本当に嬉しい時間だった。新たに敷かれた線路も、砂利が真新しくて、しかもレールにはずいぶんと長さに余裕があった。いつか動態復元が実現する日が来たとしても、しっかり走ることができそうなぐらいに思えた（写真㉑）。

この日はそのあとも雨が降り続いたので、さっそく車庫に助けられることとなった。塗装の作業はほぼ終わっていたので、自宅で準備してきたレタリングの貼付を行った（写真㉒㉓）。そして待望のヘッドライトの取り付けを行った。手元に届いた時には大きすぎるかと心配したが、実装してみると、むしろ小さくて可愛らしいぐらいの感じであった（写真㉔）。

ここまでは順調に進んだが、雨ということを言い訳に、まだ日没まで時間があったのに、早々に作業を切り上げてしまった。この日は多治見市内に投宿の予定だったため、翌日にも作業ができるという気の緩みもあった。その報いは当然、次の日に受けることになるのであった。

作業第6日（2018年10月1日）

除幕式を1週間後の10月7日に行うことをすでに各方面に伝えており、作業ができるのはこの日が最後だった。朝から天候にも恵まれていたのに、現場に到着したのは昼近くになってからだった。残っていた作業は、窓枠に硬質塩ビ樹脂板を挿入して、クリアタイプのシーリング材で固定することと、塗り残しがないかをチェックすることぐらいだったので、日没までには作業を終えられると高をくくっていた。

ところが、窓枠に硬質塩ビ樹脂板を嵌めるという作業は、想像していたよりも大変だった。切り出した樹脂板が大きすぎると窓枠に入らないし、無理に押し込もうとすると割れてしまう。逆に小さすぎると抜け落ちるため、1枚ごとに微調整が必要で、そのあとの樹脂板をシーリング材で固定していく作業も、思いのほか時間を要した。この作業を全部で9枚も完成させなければならなかったのだ。

さらに、ボンネットのカバーを外してみたところ、蝶番の部分が塗れていないことが発覚した（写真㉕）。ほかにもドアの内側のアイボリーが塗れていないなど、塗り残しの箇所が続々と見つかって、たちまち作業は逼迫した状況となってきた（写真㉖）。

窓枠に樹脂板を嵌める作業だけで日没を迎えてしまい、そのあとの作業は照明灯の明かりの中で続けたが、すべての作業を終えた時には、深夜の23時を回っていた（写真㉗）。前日のうちに樹脂板の1枚でも嵌めておけば、そのあとの作業の大変さが想像できたのに、最後に気を緩めた報いを見事にここで受けることになった。

除幕式（2018年10月7日）

台風一過のこの日は、見事に晴れ渡っていた。加藤幸兵衛さんがC2形を救い出してから15年超、ついに除幕式の当日を迎えることができた（写真㉘）。当日は地元選出の国会議員、多治見市長をはじめとする多数の関係者が見守って下さる中、加藤さんとともに「曳綱」を引っ張って、C2形の新たなる門出を祝った（写真㉙）。その模様はネットニュースのヘッドラインでも紹介され、広く知られるところとなった。除幕式に続いて特別公開を実施、通常は非公開のキャブやエンジンルームの内部も見ていただき、ヘッドライトの点灯も行った（写真㉚㉛）。

修復活動を開始するまでは、全国で

㉔いよいよヘッドライトを取り付けた。バイク用のものであるが、レトロなデザインが昭和20年代生まれのC2形にマッチしていた。㉕ボンネットのカバーを外してみたところ、蝶番の部分に塗り残しがあるのを発見、大急ぎで黄色のペンキを準備した。㉖ドアの裏側のアイボリーも塗り忘れていたことが発覚、終盤になって作業に追われることとなった。㉗すべての作業を終えたのは深夜23時、それも最終盤にボランティアで助太刀をして下さった方があってさえ、この時間だった。㉘除幕式当日の朝、この日は台風一過のきれいな青空が広がった。C2形にとって最高の晴れ舞台の準備が進む。㉙C2形の除幕式には、地元選出の国会議員、多治見市長をはじめとする関係者がお祝いに駆けつけて下さった。㉚除幕式に続く特別公開ではキャブの内部をお披露目した。来場者が熱心に覗き込んで下さる様子は冥利に尽きた。㉛エンジンルームも公開したが、「ISUZU DIESEL」の陽刻があることから、後年に載せ替えられたエンジンであると推定された。

もランキング入りするぐらいにボロボロの姿となっていたC2形であったが、人と人との縁が繋がって、素晴らしい結末を迎えることができた。ここに至るまでの、どれか一つでもピースが欠けていたら、この日を迎えることができなかったことは確かだ。テレビのインタビューに、私はこう答えている。

「僕は過去にもボロボロになった車両を、ペンキを塗ってきれいにしたことで、運命が変わっていくのを見ていたので。キレイにしてあげればすごく大きな未来がありそうな気がして。車両をキレイにすれば、地域の人も関心を持ってくれるはず。あとは車両自体が持っている魅力で人にアピールしてくれると思う。」

六　巡礼活動の「裏」　各地の廃線隧道を走破する

一度の体験でやみつきになる解放感

巡礼活動とは、テーマに沿って聖地などを巡る活動のことであるが、テーマの定め方はほぼ無限にあり、私の場合はこれまでに、保存車、未成線、廃駅、ダルマ駅、ランプ小屋、アーチ橋、廃線隧道などをテーマとして各地を巡礼してきた。本書でも、そのいくつかをご紹介させて頂いた。

巡礼活動の醍醐味は、何といっても現地に行って味わう臨場感であろう。中でも、各地にひっそりと残る廃線隧道を、自動車や自転車で〝走破〟する巡礼は、他のテーマとは違った臨場感を味わうことができ、しかも愛好者が少ないことで「裏」を感じさせるテーマとなっていた。近年では雑誌や単行本などで採り上げられる機会も増えてきた。ちなみに、隧道もトンネルも同じ意味で使われているが、現地の標記には「隧道」と書かれているケースが多いため、本稿でもこれに倣った。

廃線隧道は、封鎖されたり、別用途に利用されたりして走破が不可能となっているところも多いが、一部には車道や自転車道に転用されて、走破が可能となっているところも存在する。線路が現役だった頃には、決して許されることがなかった鉄道隧道の走破を、廃線になった今だからこそ好きにできるという解放感は、一度体験してみると案外やみつきになる。とりわけ地元民だけが通行するような「裏」の扱いの廃線隧道では、鉄道の廃止時点からあまり手が加えられていないことが多く、擁壁が苔むしたままで残っていたり、隧道の内側に鉄道時代の金具が残っていたりして、走破の際のリアリティは一層高まる。これまでに走破した中から、特に魅力的だった廃線隧道の巡礼を振り返ってみたい。

国鉄吾妻線・旧太子支線「第一・第二愛宕隧道」(群馬県)

国鉄吾妻線・旧太子支線の「第一・第二愛宕隧道」は、現在でも自動車で走破することが可能な廃線隧道である(写真❶)。第一愛宕隧道が延長55・5m、第二愛宕隧道が延長88・0mと、どちらも比較的短い廃線隧道であるが、連続して存在しているうえに、その前後の区間で鉄道時代の路盤をそのまま転用した道路が続いているため、往時の面影を色濃く残している。

現在の吾妻線は、長野原草津口駅から先では、大前駅へ向けて線路が西へと続いていくが、旧太子支線はここから北へと伸びていた。第一・第二愛宕隧道への巡礼は、ここからスタートである。白砂川に架かっていた旧太子支線の橋梁は現在でも姿を見ることができる(写真❷)。その先にはさっそく廃線隧道が現れる(写真❸)。入口にはチェーンが渡されており、そこより先には進入できないが、隧道内部の地面を見てみると、自動車が通った轍が見られ、かつては走破が可能だったようだ(写真❹)。旧太子支線には5つの廃線隧道があるが、そのうち現在でも走破が可能なのは第一、第二愛宕隧道の2つだけで、廃線跡は途中で国道292号線に合流するので、合流地点までは国道のほうへ迂回する。中沢集落の手前で、国道292号線から廃線跡を転用した道路が分岐してゆくので、そこから巡礼を再開すると、ターゲットの第一愛宕隧道に差し掛かる(写真❺)。夏季には緑で覆われてしまって、ポータルの姿が良く見えないが、廃線当時の姿をほぼ保っているようだ。ここから廃線隧道の走破の開始である。

なにしろ単線の廃線隧道をそのまま道路に転用しているので、内径は狭く、車一台通るのがやっとだ。第一愛宕隧道は少しカーブしているものの、入口に差し掛かった時点で出口が見えているので、対向車が来ても譲り合いで何とかなりそうだ(写真❻)。

そのすぐ先には第二愛宕隧道が控えているが、難関はむしろこちらのほうだ(写真❼)。カーブしているうえに、第一愛宕隧道よりも長いため見通しも効かない。もし反対側から対向車が同時に進入してきたら、隧道内ですれ違うことは不可能だ。運悪く隧道内で鉢合わせしてしまった時は、どちらかが延々と後退するしかない。まさに手に汗を握りながらの走破である(写真❽)。

愛宕橋梁の標記

第二愛宕隧道を抜けたすぐ先にある愛宕橋梁は、鉄道が現役当時に渡っていたガーダーをそのまま転用しており、桁には「橋りょう名愛宕」「渋 川 起 点 46K78」「支間10M10」「塗装年月1966年10月」「塗装回数3回塗」などの標記を見ることができる。

❶旧太子支線の廃線跡は一部区間が道路に転用されており、途中に所在する第一、第二愛宕隧道は走破が可能となっている。❷白砂川橋梁はガーダーの上に枕木も残っているのが確認できる。左側に見えているのが大前駅へと続く吾妻線。❸合計5つの廃線隧道が現存するが、うち3つまでは走破ができなくなっており、一部では内部崩落を起こしているという。❹内部は側壁が石積みで、アーチ部がコンクリートで巻かれていたことがわかる。自動車の轍らしき痕跡も見られる。❺南側から見た第一愛宕隧道。鉄道時代ほぼそのままの姿を保ち、現在も自動車での走破が可能である。❻北側から見た第一愛宕隧道。わずかに出口が見えており、対向車の接近もギリギリ察知することができそうだ。❼南側から見た第二愛宕隧道。カーブしているうえに第一愛宕トンネルより長いため、見通しが効かない。❽単線の廃線隧道をそのまま転用しているため、自動車同士のすれ違いは不可能で、手に汗を握る走破となる。❾北側から見た第二愛宕隧道と、それに続く愛宕橋梁。鉄道時代の桁をそのまま転用しており、標記類も残っている。

こんなスリリングな裏道をわざわざ走りたいという人は多くはないであろうから、たいていの人は旧太子支線のすぐ上の整備が行き届いた国道292号線のほうを通過してゆく。これまで3回の走破を試みたが、幸いにも対向車と鉢合わせをした経験はなく、初回こそ緊張したものの、2回目からは、車のヘッドライトに照らし出されるグレーの内壁が後ろへ後ろへと流れていく光景を楽しむ余裕が生まれた。

第二愛宕隧道を抜けたすぐ先には愛宕橋梁が架かっており、鉄道が現役であった当時の雰囲気がそのままだ（写真❾）。この先で旧太子支線は太子駅の跡地へと続いており、第三章でご紹介した通り、かつての駅構内には日本一の無蓋車のコレクションが展示されている。

国鉄北陸本線旧線「柳ケ瀬隧道」（福井県・滋賀県）

全国に存在する走破が可能な廃線隧

道の中でも、別格のスケールを誇っているのが、この「柳ケ瀬隧道」だ（写真⑩）。最大の特徴はその長大さにあり、延長は何と1352mもある。単線の廃線隧道を道路として転用しているため、基本的に内部でのすれ違いはできず、両側の入口に信号機が設けられて、どちらか一方からしか、自動車が進入しないようにコントロールされている。当初は鉄道を代替した国鉄バスの専用道路という扱いだったが、1987年に県道に認定されることとなり、これに先立って非常待避所も2か所に設けられた。

これだけ長い隧道であるため、当然ながら信号機が「赤」を表示している時間のほうが圧倒的に長く、その時間は最長で6分26秒であるという（写真⑪）。この赤信号の長さは日本一とも言われ、テレビ番組でもたびたび採り上げられてきたほどだ。逆に信号機が「青」を示すのは最長でも30秒で、最短だと14秒にまで短縮されるという。したがって、ここで信号に引っかからないことはほぼ奇跡で、必ず長い赤信号で待たされるものと覚悟して行ったほうが良さそうだ。私が行った時などは待機列の先頭で、待ち時間をほぼ最大限で食らった。

いよいよ信号が青となり、柳ケ瀬隧道の走破がスタートした。対向車が絶対に進行して来ないことが保証されている点は安心だが、この時は私がペースメーカーとなっており、あまりゆっくり走ると後ろに迷惑が掛かってしまうため、ある程度のスピードを保って隧道の中を進んだ。

隧道の内部では、オレンジ色の照明灯が間隔を空けて設置されており、リング状に照らし出された壁面が、前方から近づいてきては、後方へと流れ去っていく。なかなか幻想的な光景だった。最初はカーブしているが、途中からは一直線で、前方には出口の明かりが見えているのだが、それが全然近づいてくる様子がない。通り抜けるまでの時間を実測していたが、2分以上を要した（写真⑫）。楽しみでやって来た柳ケ瀬隧道であったが、そのあまりの長さに、走破したあとにはむしろホッとしてしまった。

滋賀県側にある柳ケ瀬隧道の東口はコンクリートにより改修されてしまっているが、掲げられていた伊藤博文による「萬世永頼」の題字の石額は、坑口付近にレプリカが展示され、実物は長浜鉄道スクエアに保存されている（写真⑬）。

小刀根隧道

1880年に着工された敦賀〜長浜間では、柳ケ瀬隧道よりも先に小刀根隧道が1881年に完成、拡張などの手が加わっていない状態で現在まで残っている。日本人技術者による鉄道隧道のうち、当時の姿のままで残っている日本最古の存在として、敦賀市指定有形文化財、土木学会推奨土木遺産となっている。

ところで、この柳ケ瀬隧道は、現代でも長いと感じられるほどであるが、1884年に完成した当時は、日本国内で最長を誇っていた。柳ケ瀬隧道の開通によって、北陸本線は長浜～敦賀間が全通し、それまでに比べて輸送力は飛躍的に向上した。いっぽうで、柳ケ瀬隧道には25‰の急勾配が存在し、蒸気機関車の乗務員泣かせの難所となっていた。1928年には、隧道内で貨物列車が停車してしまい、3名の乗務員が煤煙で窒息死するという痛ましい事故も起こっている。1957年になって、勾配を緩和した新線が木之本から近江塩津、新疋田経由で開通すると、旧線区間は柳ヶ瀬線に改称され、もっぱら地域内輸送を担うように改められた。そして1964年には柳ヶ瀬線もついに廃止となり、路盤は舗装されて国鉄バスの専用道路に生まれ変わった。1987年になって前述の通り、柳ケ瀬隧道を含む区間が県道140号線として一般に開放された。隧道本体の土木遺産、近代化遺産としての評価も高まり、近年は観光資源としても認められるようになった（写真⑭）。

完成から140年を迎える柳ケ瀬隧道、今後も走破しがいのある廃線隧道として在り続けて欲しいものだ。

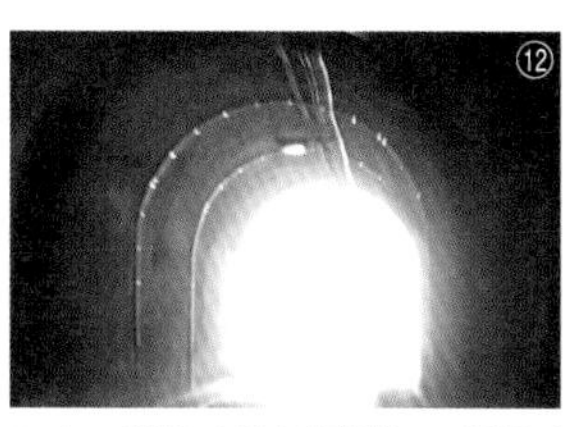

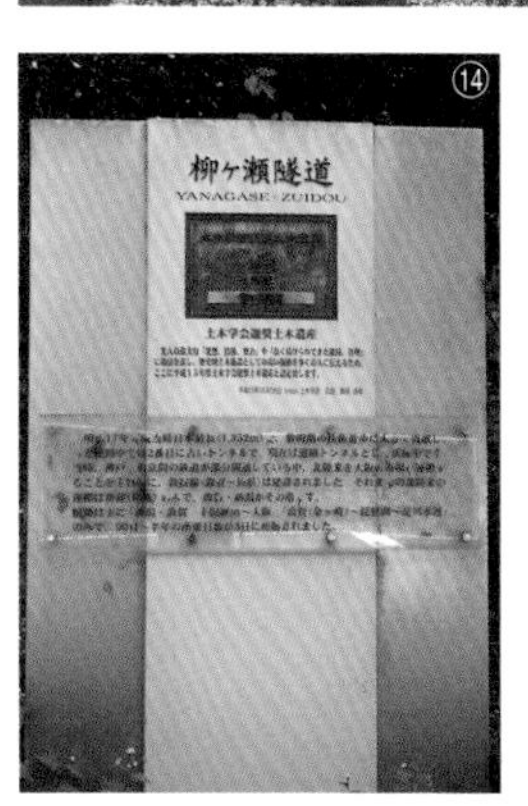

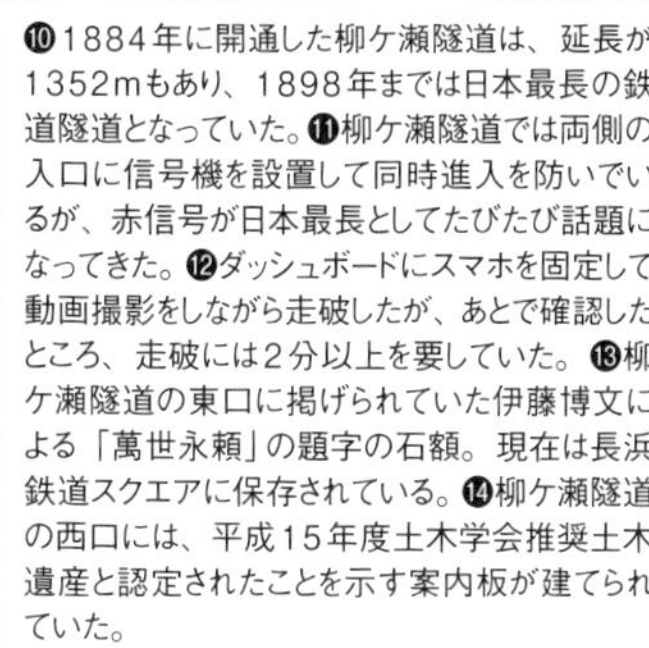
⑩1884年に開通した柳ケ瀬隧道は、延長が1352mもあり、1898年までは日本最長の鉄道隧道となっていた。⑪柳ケ瀬隧道では両側の入口に信号機を設置して同時進入を防いでいるが、赤信号が日本最長としてたびたび話題になってきた。⑫ダッシュボードにスマホを固定して動画撮影をしながら走破したが、あとで確認したところ、走破には2分以上を要していた。⑬柳ケ瀬隧道の東口に掲げられていた伊藤博文による「萬世永頼」の題字の石額。現在は長浜鉄道スクエアに保存されている。⑭柳ケ瀬隧道の西口には、平成15年度土木学会推奨土木遺産と認定されたことを示す案内板が建てられていた。

豊橋鉄道田口線「第一大久賀隧道」（愛知県）

全国の走破が可能な廃線隧道の中で、自動車による〝走り心地〟という点では、豊橋鉄道田口線の「第一大久賀隧道」をトップランクに推したい（写真⑮）。第一大久賀隧道は、斜面に開口した狭小隧道だが、そこに至るアプローチがまた心地良いのだ。明るい木立が続く中を、緩くカーブしながら自動車を走らせていくと、その先で可愛らしい廃線隧道が姿を現すという感じだった（写真⑯）。ここに至るまでの田口線の廃線隧道群全てが魅力的で、特に清崎～三河田口間の走り心地は素晴らしかった。

第一大久賀隧道への「裏」巡礼は、廃線跡を取り込んでいる国道257号線から分岐して、第三寒狭川橋梁を渡るところから始まる（写真⑰）。幅員の制限が3mとなっているのは、田口線時代のガーダーをそのまま転用しているためだ。この先は豊川に沿ってカーブを繰り返しながら進んで行くが、先ほどまでの整った国道と違って、路盤をそのまま舗装したような道路が続く。この区間で廃線隧道として最初に現れるのは「田内隧道」で、坑口の右上には碍子が残っているのが目を引く（写真

⑮全国の走破可能な廃線隧道の中でも、自動車での“走り心地”という点でトップランクに推したい第一大久賀隧道。⑯田口線の廃線隧道群の走り心地が良いのは、明るい木立を走り抜けるカーブの先に、可愛らしい狭小隧道が姿を現す点だ。⑰第三寒狭川橋梁は田口線時代のガーダーをそのまま道路橋に転用しており、幅員が3mに制限されている。⑱田内隧道の坑口の右上には碍子が残っている。坑口の右側には「3km先通行止め　通り抜けできません」の看板が見える。⑲路盤を舗装しただけのような雰囲気で、すれ違いは困難であるが、上流側がダム工事中で通り抜けができないため、対向車はほとんどない。⑳第一入道ヶ嶋隧道が貫いている地形は、現代であれば開削して切り通しで終わってしまっていたかもしれない。㉑いずれの隧道も内部に照明灯などは設けられていないため、自動車のヘッドライトで壁を照らしながら進むことになる。㉒第一入道ヶ嶋隧道を抜けた先で第四寒狭川橋梁を渡り、その先では第二入道ヶ嶋隧道へと突入する。㉓第二入道ヶ嶋隧道の内部は素掘りのままの部分が多く、自動車のヘッドライトで照らし出すと荒々しい岩肌が浮かび上がった。

⑱）。もうひとつ、目を引くのが隧道の右側に立てられた「3㎞先通行止め　通り抜けできません」と書かれた看板だ。実はこの先でダム建設が進められており、第一大久賀隧道までは走ることができるが、その先では通行止めとなっており、かつての終点の三河田口駅の跡は、付近の廃線隧道とともに、ダム湖の湖底に沈むことが決まっている。通り抜けができないおかげで、対向車が来る心配もほとんどなく、杉木立の中を緩くカーブした廃線跡を心地良く走ることができる（写真⑲）。

次に現れた廃線隧道が、「第一入道ヶ嶋隧道」だった（写真⑳）。隧道の右側は大して土を被っておらず、現代であれば開削して切り通しにしてしまいそうに思われた。隧道内部を走破してゆくが、照明灯などは設けられていないため、自動車のヘッドライトで壁を照らしながら進んだ（写真㉑）。田口線が現役であった頃も、同じように電車のヘッドライトで壁を照らしながら進んでいたであろうことを想像した。廃線隧道巡礼のもっとも楽しい時間だ。

第一入道ヶ嶋隧道を抜けるとすぐに第四寒狭川橋梁を渡り、その先には「第二入道ヶ嶋隧道」が開口している（写真㉒）。第二入道ヶ嶋隧道の内部は素掘りのままの部分が多く、自動車のヘッドライトで照らし出すと、ゴツゴツとした岩肌が浮かび上がった（写真㉓）。

枝打ちをした明るい人工林の中を走っていくと、いよいよ廃線隧道巡礼のゴールである第一大久賀隧道に到着である（写真㉔）。前述のダム工事では、この第一大久賀隧道まではダムの下流側に位置しているため水没しないが、これより先の廃線隧道は湖底に沈む予定だ。田口線の跡を転用した道路も、第一大久賀隧道の少し先で通行止めとなっていた（写真㉕）。

ここからは折り返しとなるが、すでに日もだいぶ傾いてきた。もう工事関係者とすれ違うことはないであろうし、廃線隧道の記録撮影も往路ですでに終わっているため、安全には細心の注意を払いつつ、復路では走破の臨場感を楽しむことに専念した（写真㉖）。

第一大久賀隧道の巡礼で、もうひとつ私が楽しみにしていたのが、「道の駅したら」に保存されている田口線のモハ

豊橋鉄道田口線

豊橋鉄道田口線は、飯田線との接続駅だった本長篠駅と三河田口駅を結んでいた全長22.6kmの鉄道で、1932年に全通、接続駅のほかに13の駅が設けられていた。沿線の段戸山系の木材運搬などで活躍したが、トラック輸送への転換と資源の枯渇の影響を受けて晩年は貨物輸送が低迷した。1965年には水害のために清崎～三河田口間が不通となり、1968年にはさらなる水害で三河海老～清崎間が不通となり、同年9月1日に全線が廃止となった。

㉔今回の廃線隧道巡礼のゴールが第一大久賀隧道だ。現在進められているダム工事でも、水没区域には該当していない。㉕第一大久賀隧道の上流側で道路は通行止めとなっていた。この先でダムが建設中で、区間内の廃線隧道は水没の予定だ。㉖復路では対向車に注意しつつ、安全運転で廃線隧道を走破する臨場感を楽しむことに専念した。㉗「道の駅したら」に保存されている田口線のモハ14。今回の廃線隧道群を走り抜けていた〝ヌシ〟である。

14との対面だった（写真㉗）。今回は廃線隧道巡礼よりも先に対面を果たしておいたので、廃線隧道群を走っていた〝ヌシ〟の姿をよりリアルに回想することができた。

なお、田口線の廃線隧道はほかにも現存するものがあり、一例である稲目隧道は、拡幅されて延長１５１０ｍの県道のトンネルとして活用されている。

玉野市営電気鉄道「天狗山隧道」（岡山県）

全国の走破が可能な廃線隧道の中で、自動車による〝走り心地〟という点では、豊橋鉄道田口線の「第一大久賀隧道」をトップランクに推したが、自転車による〝走り心地〟という点では、玉野市営電気鉄道（以下、玉野市電）の「天狗山隧道」をトップランクに推したい。海岸に向かって広がっている市街地の中を、昔日の路盤をそのまま転用した自転車道が続いており、ペダルを漕いで坂を上がってゆくと、そこに天狗山隧道が開口しているといった風情なのだ（写真㉘）。私が訪れたのは盛夏の頃で、隧道に突入と同時に清涼感を味わうことができた。隧道内の空気を肌で感じることができるのが、自転車による走破の魅力的なところだ。

天狗山隧道は延長１７９ｍで、ややカーブした隧道内部では、一定間隔で照明灯が完備されており、それらが遠目には縞模様を描いているように見えて美しかった（写真㉙）。天狗山隧道を走破した先では、玉野市役所や玉野市民病院などが所在する市街の中心部を走り抜けた（写真㉚）。

往時の玉野市電では、この天狗山隧道のほかにも、古塩浜信号所の先に延長１５７・２ｍの「中山隧道」（写真㉛、㉜）と、玉野保健所前駅の先に延長70・６ｍの「大仙山隧道」（写真㉝㉞）を擁していた。いずれの隧道も、三井造船への専用線として開通した１９４０年の完成で、1972年の廃線後に転用された。2015年から2017年にかけて改修を受け、特に大仙山隧道の終点寄りが大きく姿を変えている（写真㉟）。

　それにしても、海辺の市街地を走っていた鉄道であるのに、隧道が3本もあることを不思議に思った。地図を見てみたところ、決して地形が急峻というわけではなかったが、ルート上に存在していた小山を、避けることなく貫いている印象だった。造船所への専用線という性格上、貨物輸送の妨げとなるような急カーブを避け、なおかつ既存の市街地を避けた結果のように思われた。これら3つの隧道は、玉野市による長寿命化計画の対象となっているため、今後も長期にわたって自転車による走破が楽しめそうである。

　大仙山隧道を走破した先では、造船所の大きなクレーン群が姿を現し、川の上の桟道のような構造になっている自転車道を走り抜けてゆく（写真㊱）。その名の通りの三井造船所前駅を経て、内陸のほうへ進んだ先には、かつての終点・玉遊園地前駅があった。駅跡の

㉘宇野駅からぐるりと市街地を回り込んだ位置にある天狗山隧道。延長は179mで、ややカーブしているため、実長以上の迫力がある。㉙天狗山隧道の内部には照明灯が付けられており、一定周期で現れる明るい部分が縞模様のように見えて美しい。㉚玉野市役所や玉野市民病院のすぐ傍を通過してゆくが、営業当時は集客に苦労したそうで、一度も黒字を達成できなかったという。㉛中山隧道にかけても上り坂が続く。小さな山を迂回することなく、真正面から貫く進路が採られていた。㉜中山隧道の延長は157.2mであるが、天狗山隧道と同様にカーブを描いているため長く感じられる。㉝延長70.6mの大仙山隧道は、その名称の由来となった標高120mの大仙山の裾を貫いている。

玉野市営電気鉄道

玉野市営電気鉄道は、宇野駅と玉遊園地前駅を結んでいた全長4.7kmの鉄道で、三井造船への専用線を活用して1953年4月5日に備南電気鉄道として開業した。経営難のため1956年に玉野市に営業を移管、経費節減のため1964年には気動車による運行に改められたが、開業以来一度も黒字化を達成しないまま1972年4月1日に廃止となった。

近くの「すこやかセンター」には、瀬戸内海を挟んで対岸の高松琴平電鉄から里帰りした「モハ760」(元・玉野市電モハ103号)が展示されており、大汗をかいてここまでペダルを漕いで来たご褒美のように輝いていた(写真㊲)。

自転車道に転用されている廃線隧道を走破する場合、折り畳み自転車を持参することが通例だったが、国鉄〜JRの宇高連絡船も発着した宇野駅の観光案内所では、レンタサイクルの取り扱いもあるとの情報を入手していたので、この日は電車でやって来て、手軽に廃線隧道巡礼が楽しむことができた。

㉞大仙山隧道の内壁は再整備を受けた様子で、コンクリートの地肌はきれいな状態が保たれていた。㉟大仙山隧道の終点寄りは、改修を受けてボックスカルバートへと大きく姿を変えていた。㊱かつての三井造船所前駅付近では、桟道を思わせる構造の自転車道が続く。この付近でもっとも海岸に近づいていた。㊲終点の玉遊園地前駅跡に程近い「すこやかセンター」には、四国から里帰りした元・玉野市電モハ103号が展示されている。

玉野市電モハ103号

玉野市電の前身である備前電気鉄道の開業時には、モハ100形が3両準備されたが、これらは山形県の蔵王高速電鉄に納入予定だった電車の注文流れであったという。1964年の気動車化により、これら3両は高松琴平電鉄に売却されたが、そのうちの1両である、元玉野市電モハ103号であるモハ760号が、2006年に玉野市電保存会の手により41年ぶりの里帰りを果たした。

魚梁瀬森林鉄道安田川線「エヤ隧道・バンダ島隧道」(高知県)

全国の走破が可能な廃線隧道の中で、今回唯一採り上げる森林鉄道の廃線隧道が、魚梁瀬森林鉄道安田川線の「エヤ隧道」(写真㊳)と「バンダ島隧道」(写真㊴)だ。森林鉄道の廃線隧道は、人里離れた山間部にあることが多く、隧道自体も狭小で、いつの間にか通行不能となってしまうケースも少なくない。その点、魚梁瀬森林鉄道の廃線隧道は、現在でも通行可能なものがいくつも残されていてありがたい。

ただし、いざ走破の段になると、さすがに森林鉄道の廃線隧道だけあって、前述の通り断面は小さい。さらに対岸を走る県道安田東洋線との間に架かる明神口橋には、「軽自動車以下通行可」との表示も見られた(写真㊵)。当時私が乗っていた自動車は、車幅の点でも、重量の点でも、通行不可だったので、これらの隧道は折り畳み自転車を持参して走破することにした。

魚梁瀬森林鉄道安田川線の廃線隧道群は、珍しい特徴を備えている。それは坑口のところにローマ数字で通し番号が刻まれていることだ。河口側から順に付番されており、もっとも下流側にあるエヤ隧道が「I」となっている（写真㊶）。これらのローマ数字を見ながら、上流側へと走破してゆけば、往時の運転士たちが見ていたのと同じ前面展望を追体験する形となる。

ところで今回、数ある魚梁瀬森林鉄道の廃線隧道の中から、エヤ隧道とバンダ島隧道を推しに選んだ理由は、その美しさが抜群だったことが挙げられる。エヤ隧道は、坑口がきれいに整形された切石砂岩で仕上げられており、アーチの内部も同様で、切石で緻密に組み上げられていた（写真㊷㊸）。森林鉄道の隧道は簡易規格のことが多く、アーチ部が素掘りのままであることも珍しくないが、内部が崩落してしまっているケースもある。それらと比べると、エヤ隧道・バンダ島隧道は異次元の完成度を誇っており、ともに国の重要文化財に指定されている。

エヤ隧道から上流に向けて自転車を走らせたが、森林鉄道の廃線跡は曲線半径が小さいため、光景が目まぐるしく変わり、カーブした向こうで、山腹に小さく開いた坑口が見えてきたのだが、それがバンダ島隧道であった（写真㊹）。バンダ島隧道の坑口には、ローマ数字の「II」がしっかりと刻まれていた（写真㊺）。

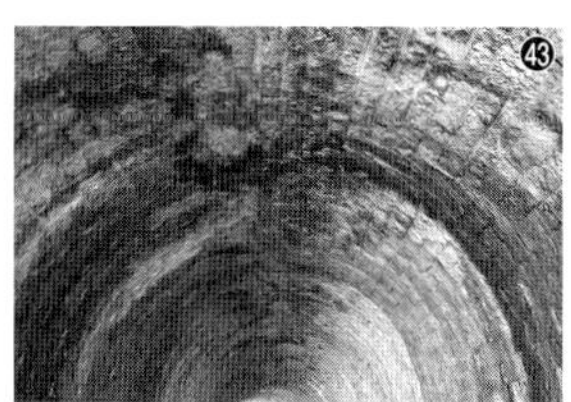

㊳エヤ隧道は、1911年に竣工、延長は33.2mで、切石砂岩で造られている。2009年に国の重要文化財に指定された。㊴バンダ島隧道も、1911年に竣工、延長は37.5mで、2009年に重要文化財となった。現在も町道として使用されている。㊵明神口橋は安田川線への機関車の導入に伴って、1929年に架けられた鋼トラス橋。「軽自動車以下通行可」の看板が立てられていた。㊶河口側から順にローマ数字が付番されており、エヤ隧道の東西の坑口には「I」の刻印が見られる。㊷坑口アーチの頂部で目を引くのが、五角形の要石だ。竣工から110年以上が経過するが、変わらぬ美しさを保っている。㊸エヤ隧道は全長にわたってアーチが切石砂岩で整然と組まれており、素掘りの部分は残されていない。

㊹エヤ隧道の上流に位置しているのがバンダ島隧道で、坑口には五角形の要石を擁し、石造の翼壁も現存している。㊺バンダ島隧道の坑口に刻まれているローマ数字の「Ⅱ」。モダンな標記は、当時の最新技術を導入したことと関連しているのだろうか。㊻安田川に沿って左右にカーブしながら伸びる森林鉄道の廃線跡を、自転車で走り抜けてゆくのは実に爽快だった。㊼オオムカエ隧道も1911年に竣工、延長は37.6mで、西坑門周辺の7.0mの区間が重要文化財に指定されている。㊽オオムカエ隧道は西坑口のみが原型で、五角形の要石と「Ⅲ」の刻印を擁しているが、東坑口はコンクリートで改修されている。㊾五味隧道は上流側の坑口が現存し、「Ⅶ」の刻印が認められる。坑口からガーダー橋にかけてはレールが復元されている。㊿河口隧道は1915年の竣工で、延長は89.9m、「Ⅷ」の刻印が認められる。2009年に国の重要文化財に指定された。(51)魚梁瀬丸山公園では、魚梁瀬森林鉄道の野村式L69が動態保存され、体験運転も可能となっている。

安田川に沿って、右へ左へとカーブしながら、整然とした杉木立の中を自転車で走り抜けてゆくのは、実に心地が良かった（写真㊻）。河口部から3つ目となる、「オオムカエ隧道」の下流側の坑口には、ローマ数字の「Ⅲ」を確認することができた（写真㊼㊽）。上流側の坑口は、コンクリートで補修されて姿が変わっていた。

オオムカエ隧道を走破し、明神口橋を渡ったところで、自転車はトランクへと格納し、それより上流側は自動車でたどった。とりわけ印象的だったのが「五味隧道」で、道路から見下ろす位置に坑口が存在し、その下には安田川が流れ、路盤の跡にはレールまで再現されていた。何だかジオラマを見ているような楽しさだった（写真㊾）。

さらに上流では、ローマ数字の「Ⅷ」が刻まれた「河口隧道」が村道となっており、自動車での走破が可能であった（写真㊿）。最上流部は魚梁瀬ダムが完

魚梁瀬森林鉄道

伐採木の輸送を目的とした国内3番目の森林鉄道であり、1911年に高知県東部の魚梁瀬地区に建設された。総延長は本線が80㎞で、支線を合わせた全体では300㎞を超えていたとされる。当初は勾配を利用した滑走で輸送を行い、空車のトロッコは犬や牛の牽引により引き上げられていたが、のちに蒸気機関車や内燃機関車が導入された。昭和30年代にかけて最盛期を迎えたが、その後はトラック輸送に切り替わり、1964年までに全廃となった。

成したことにより、森林鉄道の廃線跡も多くが水没したが、集落の移転先に整備された魚梁瀬丸山公園では、往時の森林鉄道の車両が動態復元されている（写真51）。モノトーンが支配的な廃線隧道を数多く見たあとに、ここで動態保存の車両に遭遇すると、急に鮮やかな色彩が加わったようなインパクトを感じた。

国鉄宮原線「串野隧道」（大分県）

最後に採り上げるのは、国鉄宮原線の「串野隧道」だ。単線の廃線隧道を道路用として転用した際に、両側の入口に信号機を設置したケースとしては、国鉄北陸本線旧線の柳ケ瀬隧道をご紹介したが、この串野隧道も両側の入口に信号機が設けられた全国的にも珍しい廃線隧道となっている。しかも、串野隧道に設けられている信号機が2灯式である点もユーモラスだった（写真52）。

国鉄宮原線は、大分県の恵良駅と熊本県の肥後小国駅を結んでいた26・6㎞のローカル線で、宮原と書いて「みやのはる」と読むのであるが、全国的にも難読な線名だった。しかも、毎日運転で終点までやって来る列車は１日３往復のみという超閑散路線で、第１次特定地方交通線に指定されて１９８４年に廃止となった。

串野隧道は、宮原線の中間の宝泉寺駅と麻生釣駅の間に所在しており、延長は２８８・４ｍであった。隧道の手前に信号機が建っており、赤を現示していたので、待ち時間の間に自動車の中から串野隧道の外観を観察した。まず断面であるが2号型となっており、電化を前提としない単線鉄道には典型的なデザインだった。ポータルは苔むしているが、コンクリートの打設により仕上げられたことがわかる。坑口から見える範囲では、きちんと舗装がなされている様子で、内部に照明灯が点灯しているのも見えた。ただ、隧道が右にカーブしているため見通しがきかず、入口の信号機が必須のものであることを実感した。

いよいよ青信号が現示され、隧道内へと進入したが、対向車を食い止めてくれている時間の長さがわからず、ついつい不安でアクセルを踏んでしまった。隧道内では右へ右へとカーブが続き、ところどころで天井からしみ出して来た水により路面が濡れていた。カーブを曲がり続けた先で隧道の壁面が明るくなってきて、両側に翼壁が続く直線区間へと抜けた（写真53）。この串野隧道はカーナビや電子地図によっては、最大限まで拡大しても出てこない場合があり、まさに「裏」のような存在となっていた。なお、串野地区から菅原地区にかけての廃線跡は、約２・４㎞の区間が林道梶屋線として認定されていた。

この先で廃線跡の道路は別荘地の脇を通り抜け、前方には「梶尾隧道」の姿が見えてきた（写真54）。梶尾隧道に信号機の設置はなく、隧道に続く道路も舗装は1車線分だけで、対向車との行き違いのスペースも設けられてなかった。〝地元民以外はめったに通らない〟という前提で転用されているように思えた。実際に梶尾隧道に進入してみると、それなりに長く、かつカーブしているので、対向車が来ないことを念じながら出口の明かりのほうを目指した（写真55）。

宝泉寺駅と麻生釣駅との間にある隧道は、実はこれで終わりではなかった。緩くカーブした先には、延長125.2mの「第1銅尻隧道」が開口していた（写真56）。第1銅尻隧道も信号機はなく、退避スペースもなく、隧道内はカーブしており、ここでも対向車と鉢合わせをしないことを祈るのみであった。

ここまでの廃線跡は、両側を落ち葉に覆われた1車線分だけの舗装道路で、この先も同じ感じでカーブしながら続

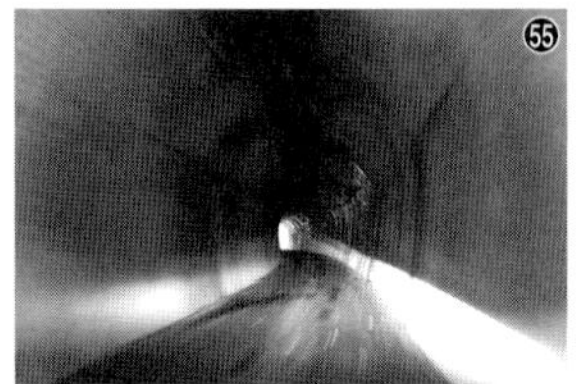

(52)串野隧道は、単線の廃線隧道を道路用に転用する際、両側の入口に信号機を設置した珍しいケースで、2灯式の信号機もユーモラスだ。(53)串野隧道の延長は288.4mもあり、隧道内で鉢合わせを起こさないためにも、信号機は必須の存在だった。(54)梶尾隧道の無機質なはずのコンクリートの坑口も、苔に覆われてすっかり貫禄が出ていた。(55)梶尾隧道に信号機はなく、途中に行き違いのスペースもなかったことから、対向車と鉢合わせしないことを祈るのみだった。(56)第1銅尻隧道の手前の斜面などは、現代であればコンクリートで固めてしまうであろうが、自然のままに雑木や笹が茂り、趣きを増していた。(57)第1があれば、やはり第2もあった銅尻隧道。第2銅尻隧道は延長30.1mで隧道の向こう側が見えていて安心だった。

壮大な計画の一部だった宮原線

国鉄宮原線は、大分県の恵良駅から、熊本県の肥後小国駅に達する全長26.6kmの行き止まり路線であったが、元々は佐賀県の佐賀駅から、福岡県の瀬高駅を経由して、大分県の豊後森駅までを結ぶ壮大な計画の一部だった。この計画のうち、東側で戦前に開業したのは宮原線の恵良～宝泉寺間のみで、しかも太平洋戦争中は不要不急線として休止され、レールも金属供出に回されたと伝えられている。戦後の1954年になって、宝泉寺～肥後小国間がようやく開業した。しかし、県境の人口が希薄な地帯を走っていたため営業成績は振るわず、1981年当時の輸送密度はわずか165人だった。ちなみに現代のローカル線における廃止の目安は、輸送密度が2000～4000人である。

いていた。もしこの区間を走行中のタイミングに対向車が来てしまったら、脱輪を覚悟で路肩にタイヤを踏み入れざるを得なくなる。そんな目には遭いたくなかったので、少しでも路肩が広くなっているところや、生活道路と交差するところを探しながら走ったが、そんなところは全く見当たらなかった。考えてみれば至極当然で、元々が鉄道の廃線跡であるので、生活道路との平面交差は極力避けて造られているのだ。しかも隧道が連続するような山間部であるので、そもそも交差するような道路自体が少ないエリアだった。あとはひたすら幸運を祈り、首を突き出して前方を注視しながら走った。

さて、銅尻隧道に〝第1〟があったということで、当然のように「第2銅尻隧道」が現れた（写真㊼）。第2銅尻隧道は延長30・1ｍで、隧道の向こう側の見通しが効いていたため、ここは心安く走破することができた（写真㊽）。

第2銅尻隧道を抜けた先も杉木立が続くばかりで、やはり生活道路と交差する気配はなかったが、代わりに「川底隧道」が現れた（写真㊾）。川底隧道もここまでの3つの隧道と同様にノーケアで、しかも隧道内でカーブしていて見通しが効かず、ヘッドライトが頼りのスリリングな隧道走破となった（写真㊿）。川底隧道を抜けると、宝泉寺駅と麻生釣駅の間で連続して現れた廃線隧道群はついに終わりを迎えた（写真61）。観光化などがされていない分、「裏」の雰囲気をどっぷりと楽しむことができた。

近年、宮原線跡の産業遺産で注目を集めているのは、幸野川橋梁に代表されるコンクリート造アーチ橋群のほうで、登録有形文化財にもなっている（写真62）。せっかくここまで来たので、アーチ橋もしっかりと巡礼させて頂いてから帰路に就いた。

㊽第2銅尻隧道を抜けた先も杉木立が続く。元が廃線跡だけに、生活道路と平面交差する箇所は非常に少なかった。㊾宝泉寺～麻生釣間の廃線隧道は全部で5つあり、この川底隧道で最後である。幸いにも最後まで対向車と鉢合わせすることはなかった。㊿川底隧道の内部は廃線から長らく未舗装の状態で、バラストがそのままになっていたが、現在は舗装されている。61川底隧道を抜けると菅原地区で、宮原線の廃線跡が林道梶屋線として転用された区間もまもなく終端である。62宮原線の遺構の中でも知名度が高いのが幸野川橋梁で、戦時中の極端な鉄不足のために竹筋で建設されたと伝えられる。

●笹田昌宏の本

2001年に初めて商業出版を手掛けから20年超の間に21冊の本を送り出してきた

①全国トロッコ列車
JTB
2001年5月1日発行

②「ボロ貨車」博物館
出発進行!
JTB
2004年6月1日発行

③英国保存鉄道
JTB
2006年5月1日発行

④ダルマ駅へ行こう!
小学館
2007年5月10日発行

⑤あの電車を救え!
親友・岸由一郎とともに
自費出版
JTBパブリッシング発売
2009年7月1日発行

⑥学ぼう遊ぼう
おやこ鉄っ!
"鉄道"が育む親子の
"いい"関係
イカロス出版
2011年4月21日発行

⑦子どもに絶対ウケる!
「パパ鉄」バイブル～
大満足の全国鉄道
スポット55
講談社
2011年10月28日発行

⑧普通列車こだわり旅
フツーじゃない!
イカロス出版
2011年12月9日発行

⑨国鉄＆JR保存車大全
イカロス出版
2012年8月31日発行

⑩廃駅。
イカロス出版
2013年6月10日発行

⑪国鉄＆JR保存車大全
2015-2016
イカロス出版
2014年10月23日発行

⑫よみがえる鉄道文化財
小さなアクションが
守る大きな遺産
交通新聞社
2015年4月11日発行

⑬廃駅ミュージアム
実業之日本社
2015年7月17日発行

⑭車掌車
イカロス出版
2016年7月5日発行

⑮保存車大全
コンプリート
イカロス出版
2017年6月22日発行

⑯日本の保存車１００
感動編
イカロス出版
2018年12月14日発行

⑰幽霊列車～日本と世界
の廃車図鑑～
イカロス出版
2020年1月29日発行

⑱走れトロッコ！
輝け！ 錆レール
イカロス出版
2021年3月8日発行

⑲日本の廃駅＆保存駅
136感動編
イカロス出版
2022年1月26日発行

⑳ランプ小屋の魔力
イカロス出版
2022年8月31日発行

㉑鉄道「裏」巡礼
イカロス出版
2023年8月30日発行

●著者プロフィール

笹田 昌宏（ささだ まさひろ）

1971年大阪府生まれ。医師、作家。第10回旅のノンフィクション大賞、第1回びわ湖チャレンジ大賞受賞。著書に「全国トロッコ列車」（岸 由一郎共著）、「英国保存鉄道」、「『ボロ貨車』博物館、出発進行!」、「あの電車を救え! 親友・岸由一郎とともに」（JTBパブリッシング）、「ダルマ駅へ行こう!」（小学館）、「学ぼう、遊ぼう おやこ鉄っ!」、「フツーじゃない!普通列車こだわり旅」、「国鉄&JR保存車大全」、「廃駅。」、「国鉄&JR保存車大全2015-2016」、「車掌車」、「保存車大全コンプリート」、「日本の保存車100 感動編」、「幽霊列車」、「走れ、トロッコ! 輝け!錆レール」、「日本の廃駅&保存駅136 感動編」、「ランプ小屋の魔力」（イカロス出版）、「『パパ鉄』バイブル～大満足の全国鉄道スポット55」（講談社）、「よみがえる鉄道文化財」（交通新聞社）、「廃駅ミュージアム」（実業之日本社）がある。

鉄道「裏」巡礼

2023年8月30日発行

著者	笹田 昌宏
表紙・本文デザイン	小林 加代子
発行人	山手章弘
編集人	佐藤信博
編集	廣部 妥
発行所	イカロス出版株式会社
	〒101-0051 東京都千代田区神田神保町 1-105
	電話 03-6837-4661（出版営業部）
印刷	図書印刷株式会社

油須原線（福岡県）豊前川崎駅～油須原駅間の約10kmが未成線となったが、導水管理設を機に610mm軌間のトロッコ用レールが敷設された。